모순 속에 숨은 진주, **트리즈**

회사를 살리는 아이디어 42가지

CONTENTS

추천의 글 06

프롤로그 – 하나의 아이디어가 회사를 죽이고 살린다 08

프롤로그 – 창조와 혁신의 도구, 트리즈 11

일러두기 13

원리 01. 분할 나누고 자른다면? 16

원리 02. 제거 쓸모없는 것을 제거한다면? 23

원리 03. 탈균일 핵심 부분만 집중한다면? 29

원리 04. 탈대칭 대칭과 균형에서 벗어난다면? 37

원리 05. 통합 모으고 결합해 하나로 만든다면? 42

원리 06. 다기능 일석이조삼조사조한다면? 49

원리 07. 층층 겹겹 포개라, 그리하면 편리할 것이다 56

원리 08. 상대성 상대적 차이에 집중한다면? 61

원리 09. 선행 항력 바람직하지 않은 효과의 예방책을 만든다면? 67

원리 10. 예비 조치 미리 준비한다면? 74

원리 11. 보상 준비 사고에 대비해 보험을 든다면? 80

원리 12. 수준 일치 차이를 줄인다면? 87

원리 13. 역발상 청개구리처럼 반대로 간다면? 93

원리 14. 곡선화 굽혀라, 그럼 좋은 일이 생길 것이다 102

원리 15. 역동화 움직이지 않는 것을 움직이게 해 볼까? 109

원리 16. 초과불급 후 보완 더하거나 덜한 다음 보완한다면? 113

원리 17. 차원 변경 차원을 바꾼다면? 117

원리 18. 진동 도입 흔들어라, 반응하리라 123

원리 19. 주기적 작용 한 번에 쭈욱 하는 대신 주기적으로 129

원리 20. Stopless 끊임없이 움직여라   135

원리 21. 가속화 더욱 신속하게 한다면?   142

원리 22. 전화위복 단점을 장점으로 승화시킨다면?   147

원리 23. 피드백 반응을 보인다면?   154

원리 24. 매개자 중매쟁이를 이용한다면?   158

원리 25. 자가발전 저절로 되게 하라   164

원리 26. Dummy 모조품은 어떨까?   172

원리 27. 일회용품화 오래 쓰는 것만이 능사는 아니다   178

원리 28. 진화하는 장 장이여, 진화하라   183

원리 29. P.H.A 공기와 물의 힘   189

원리 30. 유연화 보다 유연하게 한다면?   197

원리 31. 허허실실(虛虛實實) 빈틈을 살려라?   201

원리 32. Color 색으로 말한다? 206

원리 33. 동질화 같게 만든다면? 212

원리 34. 도중회수 중간중간 되살린다면? 216

원리 35. 특성 전환 나를 알고 변화를 알면 백전백승? 221

원리 36. 상전이 상변화의 힘을 이용하라 228

원리 37. 연쇄변화 원하는 작용을 다른 것이 연쇄적으로 일으킨다면? 234

원리 38. 강력 활성제 양식장에 메기를 푼다면? 238

원리 39. 비활성 환경 환경을 안정하게 한다면? 242

원리 40. 복합물 단조로움에서 벗어나라 247

원리 40+1. 용도 전환 새로운 용도로 전환한다면? 252

원리 40+2. 타산지석 타인의 아이디어를 내 것으로 만든다면? 256

에필로그 260

추천의 글

손욱 (농심 대표이사 회장)

'기업의 미래와 비전은 어디에서 찾아야 할까?', '우리 회사를 살리기 위한 방책이 없을까?', '돈 되는 새로운 아이디어를 찾을 수는 없나?'

최근 세계적인 경제 불황으로 기업이나 개인 모두가 살아남기 위한 다양한 모책을 간구하고 있다. 과거의 단순한 모방 제품이나 기술 개선으로는 더 이상 생존이 불가능한 심각한 위기 상황에 봉착한 것이다.

이 순간 가장 필요한 것을 꼽으라면 모순 상황을 통해 발견하는 창의적 생각, 발상의 전환을 통한 독창적인 아이디어, 트리즈(TRIZ)이다.

트리즈(창의적 문제해결 방법론)는 러시아의 겐리히 알트슐러(Genrich Altshuller, 1926-1998)가 정리한 이론으로, 이미 50여 년 전부터 유수의 기업들이 채택하여 눈부신 성과를 나타내고 있다. 이는 단순한 개선이나 개량을 이야기하고 있는 것이 아니다. 발상의 전환을 통한 아이디어, 현실에 적용 가능한 원리와 분명한 가이드라인을 제시해 주는 회심의 비법이다. 즉, 트리즈는 새로운 경영혁신의 도구이자 요즘 같은 시대에 강력한 대안이 될 수 있다.

이 책은 트리즈를 처음 접하는 이들이라 할지라도 가볍게 접근할 수 있도록 이론적인 전개를 최소화하고 있다. 대신, 변화가 필요한 상황을 가상 체험할 수 있도록 '모순 상태'라고 이름 붙인 흥미로운 사례들을 위주로 소개한다. 독자들은 이 사례들을 통해 보다 쉽고 편안하게 트리즈를 만나고 이해할 수 있을 것이다.

트리즈는 모순에서 새로운 해답을 찾는 방법론으로, 제조업이나 발명 쪽이 아니라도 비즈니스나 마케팅, 경영 등 일반 영역에까지 폭넓게 적용이 가능하여 최근 그 범위가 점차 확대되고 있다.

트리즈 도입의 가장 성공적 사례로는 삼성종합기술원이 꼽힌다. 삼성종합기술원의 트리즈 성공의 중심에는 송미정 박사의 활약이 있다. 송 박사는 여성의 섬세함을 통해 고객(연구원)의 참여와 이해, 협력을 이끌어내는 스토리텔링식의 접근방식으로 트리즈를 이끌어내었다.

복잡하고 이론적인 내용은 일단 제쳐두자. 그리고 신선한 아이디어만을 생각하던 때로 돌아가 보자. 내일이 불투명하다고 하여 좌절하지 않고, 원리에 의지해 어려움을 이겨낼 새로운 아이디어를 도출해 낸다면 이 책의 기본 소임은 다한 셈이다.

이 책을 통해 창의적 인재 발굴과 창의적 문제해결 방법론으로서 트리즈가 보다 깊이 있는 논의의 대상이 되었으면 하는 바람이다. 더불어 트리즈에 대한 대중의 적극적 이해와 실천적 성공사례가 태어나리라 믿는다.

〉〉 프롤로그
하나의 아이디어가 회사를 죽이고 살린다

　아이디어란 어떤 일에 대한 구상이나 '고안', '생각', '착상', '착안' 등을 뜻하는 명사이다.
　시장이 전혀 기대하지 않았으나 유용한 기능을 가진 제품이나 서비스, 성능이 우수하고 안정성이 있으며 저렴하고 실용적이어서 고객의 구매욕이 샘솟는 상품, 고객의 관심을 끄는 판매 기법, 다른 사람들이 전혀 발견하지 못했던 비즈니스 모델 등등 아이디어가 가져다주는 성과들은 무궁무진하다.
　경영 활동의 우열을 가르는 아이디어, 창업의 성패를 가르는 아이디어, 신제품의 성패를 가르는 아이디어는 기술 분야이건 비기술 분야이건 소중한 것들이라 모든 경영자가 앞다퉈 구하고자 노력하고 있다. 최근에는 직원이나 사외 고객을 상대로 아이디어를 조직적으로 공모하여 자사의 발전에 활용하고자 하는 경향도 두드러지고 있다. 대표적인 사례가 IBM의 아이디어잼(ideazam)이며, 그 외에도 각종 공모전을 통해 직원의 아이디어를 함께 뽑는 활동도 이러한 범주에 넣을 수 있다.
　아이디어를 실제 집행할 수 있는 수준의 제품으로 만들고 판매 절차로 이어가는 과정 역시 초기 아이디어 구상만큼이나 어렵고 지난하다. 게다가 초기 아이디어보다 훨씬 고난이도의 아이디어가 여러 개 결합해야 경영 활동에서 의미가 있는 결과물을 만들 수 있다. 따라서 초기 아이디어를 제시하는 것 못지않게 그것을 발전시키고, 초기 아이디어의 문제점을 확인하고 개신하는 발상 방법론에 대한 관심도가 점점 더 늘어나고 있는 추세이다.
　혁신적인 아이디어는 때때로 '파괴적 아이디어'라고 불리는 발명들이다. 그 이전에 존재하던 시장을 대체하거나 파괴하고 새로운 시장을 만들기 때문이다. 구텐베르크의 인쇄술 이후 서구에서는 책을 필사하는 직업은 사라지고 대신 인쇄소에서 '찍어'내는 산업이 발전했다. 산업혁명 초기 광산에 고이는 물을 퍼내던 말들은 새로 발명된 증기 기관 펌프에 일자리를 내 주어야 했다. 컴퓨터에 내장된 워드프로세서는 그 이전의 사무실에 존재하던 타자기의 자리를 대체했다. 축음기는 공연시장이라는 것 외에 음반이라는 새로운 시장을 형성했다. 사진술은 초상화 시장은 위축시켰지만 필름, 카메라, 인화 서비스와 같은 이전에 경험하지 못했던 새로운 시장을 탄생시켰다. 이메일은 서면으로 보내는 손 편지를 대체하였다.

이런 아이디어들이야말로 누구도 부정할 수 없는 혁신적인 아이디어이다. 혁신적인 아이디어는 기존 산업계의 질서를 파괴하기도 했지만, 더 큰 새로운 시장과 산업을 만들어 내기도 하고 불황을 극복하는 타계책이 되기도 했다. 바로 이러한 이유 때문에 경기침체와 불황으로 어두운 이 시기에 아이디어에 관심을 가져야 하는 것이다.

한국인의 아이디어와 창의성

이처럼 아이디어가 중요함에도 불구하고 한국인의 아이디어는 빈곤한 것이 현실이다. 왜 한국에는 아이디어가 빈곤할까? 왜 한국인은 창조성이 약할까? 가까운 이웃 나라 일본은 창조적인 과학적 업적으로 노벨상을 수상한 인물을 12명이나 배출했는데, 한국은 창조적인 과학기술 업적을 통해 노벨상을 수상한 이가 왜 단 한 명도 없을까?

작은 개선을 모으고 타고난 근면성을 바탕으로 한국은 전 지구적으로 유례가 드문 경제 성장을 일궈냈다. 그러나 과학과 기술과 관련된 창의성은 전 세계로부터 "yes."라는 확인을 받지 못했다. 노벨상 수상이 과학 기술 관련 창의성을 평가할 수 있는 유일한 지표는 아니지만 상징적인 의미를 가지는 지표인 것은 분명하다. 뢴트겐의 X-선이나 왓슨의 DNA 모형처럼 인류의 복지를 비약적으로 증진시킨 과학기술에 아직 한국인이 창조적인 아이디어를 처음 만들어서 기여하지 못한 것은 분명한 사실이다. 다른 말로 하면 아직 한국인의 과학 기술 관련 창의성은 전 세계에서 정상급은 아니다.

그 원인이 무엇인지 명확한 성찰 없이는 '대한민국'이라는 문화권에서의 창의성 계발이나 향상을 위한 방안은 생각하기 어렵다. 임직원의 창의성이 중요한 경영진, 아이들의 창의성 계발에 관심이 있는 학부모들에게 한국의 이 같은 상황은 심각한 위기 상황이다. 서구에서 멀쩡하게 돌아가는 브레인스토밍(brainstorming)과 같은 각종 창의성 향상 도구, 아이디어 발상 도구가 한국에서는 전혀 듣지 않을 수 있다는 의미이기 때문이다. 천문학적인 돈을 들여 배워도 응용을 못하는 직원들, 논술 과외를 몇 개씩 하지만 남의 생각을 베끼기만 할 뿐 자신의 생각이라곤 없어 보이는 아이들, 얼마나 답답한가?

앞선 이의 지식을 배워도 그것을 소화한 후 변형·발전시켜 그들보다 나은 것, 그들과 다른 것을 빨리 만들어 내는 창의성이 부족한 개인이나 집단에게 교육은 비용일 뿐 내일을 위한 투자가 아니다. 지금까지는 창의력이 없어도 크게 문제되지 않았다. 그래도 앞서 나가는 이가 있었고 그것을 베껴서 조금 저렴하게 내놓으면 되었기 때문이다.

그러나 이제는 누구도 자기네의 비결을 가르쳐 주지 않는다. 설사 배워도 창의성이 떨어지는 우리는 그것을 잘 변형시키지 못하니 그냥 저렴하게 내 놓아야 한다. 그런데 우리보다 더 저렴하게 가격을 책정할 수 있는 나라들이 우후죽순으로 늘어났다. 그렇다면 이 시점에서 우리는 무엇을 해야 하나?

더 이상 가격 경쟁력이 무기가 될 수 없는 상황, 창의력 외에는 비상구가 없는 상황, 교육을 위해 비용은 많이 쓰나 창의적인 아이디어의 생산율은 극히 저조한 그런 암울한 상황이 현재 한국이 처한 현실이다. 한국의 장기적인 경기침체의 가장 큰 원인은 어쩌면 한국인의 창의성 부족일지도 모른다. 이러한 현실 직시 없이는 그 어느 것도 불가능하다.

창조와 혁신의 도구, 트리즈

1946년 유태계 러시아인인 겐리히 알트슐러(Genrich Altshuller, 1926-1998)가 창시한 트리즈(TRIZ)는 러시아어 'Teoriya Resheniya Izobretatelskikh Zadatch'의 약자이며, 영어로는 'Theory of Inventive Problem Solving'으로 쓴다. 알트슐러는 1940년대에 구소련의 해군에서 특허심사업무를 하면서 군 관련 기술 문제를 해결하던 중 '발명가들이 발명을 할 때는 어떤 비슷한 법칙과 패턴을 가지고 있다.'는 사실을 발견한다.

이후 그는 200만 건의 전 세계 특허 중 창의적인 특허 4만 건을 분석해 혁신적인 발명들이 가지고 있는 법칙과 패턴을 다른 문제에도 적용할 수 있도록 체계적으로 정리했다. 그리고 이 이론을 '트리즈'라고 이름 지었다. 알트슐러는 문제가 발생하거나 불편함이 야기되는 상황에는 최소한 한 가지 이상의 모순을 가지고 있다는 점을 발견했다. 이런 모순 상태를 구체적으로 정의하고 해결해 나가는 것이 트리즈의 핵심이다.

그러나 트리즈의 창시자인 알트슐러가 박해를 받자 국가 기밀로 분류되어 소수의 연구자들만이 연구를 진행하였다. 1988년 소비에트 연방이 개방되자 트리즈 전문가들은 서구로 이주하였다. 이를 계기로 트리즈 또한 소비에트 연방 밖으로 나가 유럽, 미국, 일본 등에 알려졌다.

한국에서는 1996년 민간 기업에 처음 도입한 이래 삼성, LG, 포스코 등에서 도입하였고, 근자에는 현대자동차 등에서도 도입하여 주로 현업의 기술 문제를 획기적으로 해결하거나 특히 아이디어 도출, 엔지니어의 창조적 설계 능력을 높이는 큰 역할을 해 왔다. 또한 영역을 넓혀 서비스, 비기술 분야에 이르기까지 많은 사람이 관심을 갖고 있을 뿐만 아니라 최근에는 새로운 경영혁신의 도구로 주목받고 있다.

최근 한국 경제뿐 아니라 세계 경제가 요동치면서, 성장은 물론 생존을 위해서도 창의적인 발상, 반짝이는 아이디어의 필요성은 더욱 높아지고 있다.

기업 임직원들은 늘 고민한다.

'어려운 시기에 기업이 도태되지 않고 성장할 수 있는 방법은 무엇일까?'

'왜 우리 회사에는 창의적인 인재가 없을까?'

직원들도 마찬가지이다. 기획회의나 생산회의 때 '새로운 아이디어가 없을까?', '왜 우리 상사는 코끼리를 냉장고에 넣으라는 식의 지시만 하는 걸까?'라고 고민한다.

이 책에서는 코끼리를 냉장고에 넣는 법은 찾지 못할지도 모른다. 그렇지만, 이 책에서 예를 든 트리즈의 발명의 원리와 사례들은 코끼리를 냉장고에 넣는 것만큼이나 어려웠던 당시 상황을 해결한 방법들로서, 지금의 문제 상황에 힌트를 줄 수 있다.

단순한 가격 경쟁력이나 품질 향상만으로는 생존하기 어려운 초경쟁 환경을 헤쳐 나가야 하는 현 상황에 어려운 과거의 역경을 극복한 지혜를 모아 만들어진 방법론인 트리즈를 제안하는 바이다. 트리즈, 벌써 그 울림은 나비효과처럼 퍼져 나가기 시작했다.

〉〉 일러두기

  이 책은 트리즈의 기본인 기술적 발명과 이론에 대해 전문적으로 알지 못하는 사람들에게 트리즈의 가장 대중적이며 유용한 발명의 원리를 소개하고자 정리하였다. 복잡하고 난해한 트리즈의 이론을 다 배우지 않더라도 이제껏 생각하지 못했던 다양한 아이디어를 내는 데 도움이 될 것이다.

  트리즈의 여러 기법 중에서 '40가지 발명의 원리'는 모순되는 상황을 타개하는 원리를 모아둔 것으로 많은 사람에게 결정적인 아이디어 힌트를 제공해 왔다. 이 책에서는 '40가지 발명의 원리'를 한국의 현실에 맞게 재해석했다.

  트리즈의 전통적인 40가지 원리에는 포함되지 않으나 실제로 자주 사용되는 추가적인 원리 2가지를 포함하여 40+2가지로 원리를 정리하였다.

  또한 전통적인 용어가 특정 분야에 지나치게 치우치거나 생각의 방향성을 지나치게 제한한다고 판단되는 것은 대표 용어도 과감하게 변경하였으며, 원리의 설명도 지나치게 구체적인 것은 추상적으로, 지나치게 추상적인 것은 적절하게 구체적인 수준으로 고쳐 썼다.

  전통적인 트리즈에서는 발명의 원리는 기술적 모순이라고 하는 엄밀한 형식의 문제를 해결하도록 설계되어 있다. 기술적 모순은 시스템의 한 가지 속성을 개선하고자 할 때(혹은 유익한 기능을 수행하고자 할 때), 다른 한 가지 이상의 속성이 악화되는(혹은 불가피한 부작용이 나타나는) 상황을 말한다. 이렇게 기술적 모순으로 정리된 내용을 표준

화하는 작업을 거쳐 모순 매트릭스라는 도구를 참조하여 활용하는 것을 추천한다.

그러나 꼭 이렇게 활용하지 않더라도 제품이나 절차의 문제를 해결하거나 더 나은 제품이나 절차를 만드는 데 발명의 원리를 개별적으로 적용할 수 있다.

이 책에서는 트리즈를 처음 접하는 이들을 대상으로 하고 있기 때문에 트리즈의 엄밀한 이론적인 전개는 생략하였다. 대신 해결안이 나오지 않았던 갑갑했던 상황을 '모순 상태'라는 용어로 정리하여 독자들에게 혁신이 필요한 상황을 가상 체험할 수 있도록 몇몇 사례를 통해 간간히 소개하였다. 가능한 한 트리즈 전문 용어를 사용하지 않고 표현했다는 것도 밝혀 둔다.

각 원리의 말미에는 '원리 길라잡이'를 통해 현실 세계에서 아이디어를 낼 때 원리를 참조하기 쉽도록 하였다. 보다 엄밀한 트리즈의 이론과 활용 방법은 다른 저자들의 자료나 필자가 추후 정리하여 발표할 자료를 참조하기 바란다.

트리즈의 기본 철학 중 하나는 '혁신적인 아이디어는 다른 분야에서 나온다는 생각'이다. 다른 분야의 지식을 처음 접하는 사람들은 깊이 알기 어렵다. 그럼에도 불구하고 좋은 아이디어를 만드는 데 그 지식은 도움이 된다.

그런 면에서 이 책에서는 자신과 다른 분야의 지식을 처음 접하는 사람이더라도 무리 없이 아이디어의 핵심인 원리를 이해할 수 있도록 초점을 맞추었다. 좀 더 이해가 쉽도록 사례의 종류, 사례 내용의 전문성과 표현의 수위를 조절하였음을 밝혀 둔다.

복잡한 이론은 좀 제쳐두고, 좋은 생각이 절실히 필요했던 그때 그 시절로 돌아가 고민하고 그것을 원리의 도움을 빌려 오늘의 아이디어를 재발명해 보는 경험을 독자들이 할 수 있기를 희망한다.

  내일이 보이지 않는 상황에서 좌절하지 않고, 원리에 의지해 역경을 이길 새로운 생각을 해낸다면 필자로서는 더 바랄 나위가 없겠다.

원리 01. 분할
나누고 자른다면?

'분할'이란 여러 개로 잘라 보거나, 통째로 만드는 것이 아니라 조립이나 분해가 가능하도록 만드는 것, 혹은 이미 잘라져 있다면 더 잘게 나누거나 아예 극한까지 잘게 잘라 보라는 의미이다.

이전에는 '잘라 볼 생각을 하지 못했던 것' 혹은 '통으로 만들어진 것을 잘라 보라'는 것이 이 원리의 핵심이다. 시간일 수도 있고, 고객 또는 시장일 수도 있으며 아니면 서비스 절차나 서비스 공간일 수도 있다. 혹은 물리적인 형상일 수도 있고, 주파수일 수도 있으며, 파장일 수도 있다. 예를 들어 한 모씩 잘라 포장한다는 모 두부 회사의 아이디어처럼 말이다.

한 모씩 잘라 포장해 본다면?

1980년대 초만 해도 소비자들은 식품 가게에서 가게 주인이 잘라 주는 두부를 비닐봉지에 받아서 사가지고 돌아가야 했다. 서투른 식품 가게 주인은 물컹물컹한 두부를 잘라 비닐봉지에 옮길 때 두부를 망가뜨리기 일쑤였다. 두부가 많이 있으면 다른 것을 잘라 달라고 하면 되는데, 딱 한 모만 남아 있을 때는 망가졌어도 사 가지고 와야 해 불쾌함은 이루 말할 수 없었다.

1980년대 초 사용했던 '두부'

두부란 한 판으로 제조하여 파는 것이다. 낱개로 자르고 상하지 않도록 물에 담가 놓았다가 소비자에게 건네주는 것은 소매업자가 할 일이다. 두부의 최종 소비자는 서투른 식품 가게 주인이 자르다 망가뜨린 두부를 사더라도 그건 소매업자의 잘못일 뿐이다. 이것이 전통적인 두부 제조 업계의 생각이었다. 당시 유통, 보관, 취급이 쉬운 포장두부라는 개념의 제품은 아무도 심각하게 생각하지 않았다.

아무도 관심을 두지 않은 행간의 이 문제를 한 식품업체가 해결하여 신제품을 출시했다.

'한 판 두부를 잘라 보면 어떨까?'

'두부 한 모씩을 따로 포장한다면 유통과 보관, 취급이 쉽지 않을까?'

그렇다! 이렇게 해서 한 모씩 포장한 두부가 탄생했다. 한 모씩 포장한 두부 제품은 두부 업계의 한 판 두부를 단지 '분할하여 개별 포장하라'는 발상이 적용된 것이다.

여기서 한 가지 질문을 던져 보자. 만약 당신이 후발 두부 회사의 상품 기획자라면 어떤 제품을 더 기획할 수 있을까? 후발 주자가 시장에 뛰어들기 위해서는 선두 주자가 눈길을 주지 않는 부분과 고객이 불편을 느끼는 부분을 파악해 개선하고 차별화하는

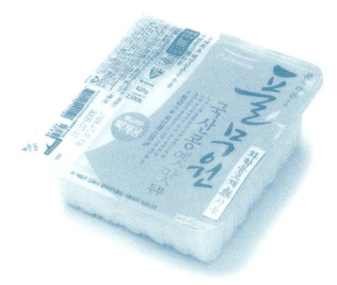

포장두부

전략을 세워야 한다. 실제로 후발 주자들은 포장두부 포장재의 덮개 필름에 주목하였다.

처음에 출시된 포장두부로 요리를 해 본 사람들은 잘 알 것이다. 손으로는 도저히 두부가 담긴 용기의 덮개 필름을 쉽게 뜯을 수 없어 고생했다는 것을 말이나. 실제로 필자도 덮개 필름을 식칼로 오려 내다가 잘못 찔러 손을 다친 경험이 있다.

그렇다면 처음 포장두부를 출시한 회사는 왜 그렇게 했을까? 아마 덮개가 혹시 벗겨져 속에 든 물이 흘러나오면 위험하다고 생각해서 그토록 꼭꼭 포장지를 여며 두었을 것이다.

그러나 어느 정도 시장이 형성되자 해당 제품과 유통 과정을 알고 뛰어든 후발 주자들은 이 정도로 꼭꼭 덮지 않아도 물이 쏟아지지 않는다는 점에 착안해서 용기와 덮개 필름이 잘 분리되는 포장 용기를 선보였다. 이제는 원조 포장두부 회사도 덮개 필름이 잘 분리되는 포장 용기를 만들어서 출시한다.

1984년 국내 최초로 포장두부 사업에 진출한 풀무원의 2005년도 반기보고서를 보면 전체 매출액 1,441억 원 중에서 두부가 430억 원(29.8%)을 차지하였다. 2000년대 중반 이후 대기업, 중소기업들이 포장두부 시장의 세계적인 잠재력을 뒤늦게 알아보고 앞다퉈 뛰어들어 풀무원의 시장 지배력이 약화되기는 했지만, 국내에 포장두부라는 새로운 개념을 소개한 회사로서 풀무원은 영원히 기억될 것이다.

커터 칼의 발명자는 평범한 회사원

필자가 학생이었던 시절 문구점에서 팔던 칼은 대부분 면도날의 한쪽을 마감해 놓은 형이거나 두툼한 플라스틱 덮개가 있어서 평소에는 덮어 두다가 사용할 때만 칼날을 빼내서 쓰는 형태였다. 문구용 칼은 연필 몇 자루 깎고, 마분지 몇 장만 오려도 날 끝이 무뎌져서 잘 들지 않았다. 이럴 때 무리하게 힘을 주다 보면 손에는 상처가 나기 일쑤였다.

그러던 어느 날 문구점에 이상한 칼이 등장했다. 날이 무뎌지면 무뎌진 부분만 한 토막 잘라 내면 다시 날카로운 면이 나오는 커터 칼이었다.

그렇다면 이 커터 칼은 누가 만들었을까? 새로운 아이템을 고민하던 문구용 칼 제조사일까? 대답은 "아니요."이다. 커터 칼은 문구용 칼을 만드는 제조사와는 전혀 상관 없는 문구용 칼을 가장 많이 쓰던 고객이 발명했다. 그 주인공은 바로 일본의 니혼전사지에서 전사지를 자르는 단순 작업을 맡은 말단 직원이다.

전사지를 규격에 따라 적당한 크기로 자르려면 칼은 반드시 필요한 도구다. 늘 전사지를 칼로 자르던 오모는 칼날이 쓰면 쓸수록 무뎌져서 작업 능률이 떨어졌다. 그래서 정해진 할당량을 맞추기 위해 칼을 교환하는 대신 칼날을 부러뜨려 전사지를 자르곤 했다. '무리하게 힘을 가하지 않고도 칼날을 조금씩 쉽게 자를 수 있다면 작업이 얼마나 편리할까.' 하는 생각이 들었지

〈일반 문구용 칼〉　　〈커터 칼〉

칼끝의 무뎌진 부분만 잘라 버린다.

커터 칼은 일반 칼과는 달리 날이 무뎌지면 그 부분만 잘라 내고 쓸 수 있다는 장점이 있다.

만 별다른 방법이 떠오르지 않았다. 무리하게 칼을 자르다 다치는 일도 많았다. 그렇지만 별다른 수가 떠오르지 않았고, 그렇게 세월은 흘러갔다.

오모가 작업할 당시의 모순 상태를 정리하면 다음과 같다. 모순 상태는 고전 트리즈에서는 '기술적 모순'으로 부르는 상황으로, 바람직한 결과를 얻고자 힐 때 적어도 한 가시 이상의 다른 바람직하지 않은 결과가 함께 발생한다.

- 모순 상태 0 : 만약 (A)칼을 부러뜨리면,
(B)칼의 무딘 면이 없어져서 작업 능률을 높일 수 있어 바람직하나,
(C)무리하게 힘을 가해야 하고 작업자가 위험할 수 있어 바람직하지 않다.
- 모순 상태 1 : 만약 (-A)칼을 부러뜨리지 않으면,
(C)무리한 힘을 가할 필요도 없고 작업자에게 위험이 없어 바람직하나,
(B)칼의 무딘 면을 계속 써야 하기 때문에 작업 능률이 낮아지니 바람직하지 않다.

그러던 중 오모는 우표를 우연히 만지다가 칼날도 우표처럼 만들면 쉽게 자를 수 있지 않을까 하는 사소하지만 결정적인 아이디어를 떠올렸다. 회사는 오모의 발명을 직무 발명으로 채택한 후 특허출원을 마치고 생산을 시작했다. 잘라 쓰는 칼이라고 해서 이름을 '커터'라고 붙였다. 문구전에서는 이제 문구용 '칼' 하면 커터 칼을 내주는 시대가 되었다. '궁하면 통한다.'는 속담이 있는 것처럼 칼 때문에 고통을 심하게 받던 오모가 문구용 칼의 역사를 바꾼 것이다.

자르기, 분할의 원리는 역사적으로 거의 모든 공학, 과학 기술, 서비스, 절차 등에서 반복적으로 발견된다. 분할(segmentation), 자르기(cut), 절단(cutting), 나누기, 쪼개기, 미세화, 나노 기술, 조립식, 파쇄(fragmentation), 소형화(miniaturization) 등등은 모두 이 범주에 해당하

는 여러 가지 생각의 방향이다. '분할'은 첫 번째 원리인 만큼 문제를 해결할 때나 차세대 기술을 개발할 때 가장 먼저 생각해 보면 좋다.

그렇다면 무엇을 나누면 될까?

사물이나 공간을 나누면 된다. 일반적인 물건이나 시스템은 공간적으로 잘라 두면 새로운 쓸모가 생기거나 효율이 향상된다. 주로 동일한 공간 자원을 활용할 때 모순이 발생하는데, 이때 이 발명의 원리가 잘 동작한다.

또한 해당 대상을 여러 부분으로 독립적으로 나누어 보거나 대상을 조립과 분해가 쉽도록 만들어 본다. DIY 가구가 이에 해당한다. 대상이 이미 부분적으로 나뉘거나 잘라져 있다면 더욱 잘게 자르는 방향을 고려해 볼 수 있고, 기계적으로 작게 자르고 나누는 정도를 넘어서 마이크로나 나노 수준까지 만들어 전체적인 시스템의 구동 원리까지 변화시킬 수도 있다.

다음에 나오는 '원리 길라잡이'를 참조하여 자신의 아이디어를 상상해 보자. '원리 길라잡이'에 있는 빈칸에 유익한 혹은 달성하고자 하는 기능과 제지하고 싶은 유해한 기능 그리고 관심을 갖고 있는 시스템/대상을 적어 보자. 그리고 그 아래에 있는 생각을 자극하는 질문에 대답해 보자. 하나의 질문에 여러 가지 대답이 나올 수 있다. 이러한 것들을 빈칸에 적어 보자. 그러다 보면 전에는 하지 못했던 생각이 떠오를 것이다. 제일 마지막에 내가 생각한 아이디어 중 가장 좋은 것을 모으고 다듬어서 표현해 보자.

〉〉 원리 길라잡이 01. [분할]

유익한 기능_____을 신규 도입/수행/유지/향상시키고,

유해한 영향_____의 발생을 막기 위해

관심 시스템/대상_____에 포함된

◆ 해당 물질/요소/에너지/장을 공간적으로 분할해 본다면?
◆ 해당 물질/요소/에너지/장을 여러 개로 나누어 본다면?
◆ 해당 물질/요소/에너지/장을 지금보다 더 잘게 나눈다면?
◆ 해당 물질/요소/에너지/장을 극한까지 잘라서 마이크로, 나노 수준의 원리와 물질을 활용한다면?
◆ 해당 물질/요소/에너지/장을 조립하고 분해하는 것을 쉽게 만든다면?
◆ 해당 물질/요소/에너지/장이 작용하는 시간을 분할해 본다면?
◆ 해당 속성(   )을 공간/시간/절차에 따라 분할해 본다면?
◆ 해당 절차를 독립적인 하위 절차로 나누어 본다면?

새롭게 만들어진 나의 아이디어 :

원리 02. 제거
쓸모없는 것을 제거한다면?

모든 발명의 원리는 결과물을 보고 나면 왜 나는 그런 생각을 하지 못했을까 싶을 정도로 간단하다. 그중에서도 제일은 바로 '원리 02'가 아닐까 한다. '원리 02'는 제거(분리, 추출, 빼기)의 원리이다.

우리는 보통 더하기를 통해 문제를 해결하거나 시스템을 개선하려는 경향이 있다. 그런 의미에서 제거하고 빼는 활동은 새로운 아이디어를 구상할 때 가장 먼저 추천하는 원리이다. 평소에 자연스럽다고 생각하는 방향의 반대 방향을 가리키기 때문이다.

꽃의 향기는 좋으나 꽃을 직접 기르는 것은 번거롭기 때문에 꽃의 향기 성분만을 '따로 떼어' 방향제로 활용한다는 것은 '대상에서 필요로 하는 유익한 특성만을 남기는 것'이며, 꽃을 좋아하지만 꽃을 직접 기르는 것이 번거롭기 때문에 기르지 않아도 되는 조화를 만들어서 활용한다는 것은 '대상의 유해한 특성을 분리해 내는 것'이다.

두꺼운 것은 가라

애플 사의 CEO인 스티브 잡스가 맥북 에어를 개발할 때 가장 주안점을 두

맥북 에어(Mac Book Air)

었던 것은 '휴대성'이 좋은 노트북 컴퓨터였다. 당시 그는 '두께'와 '무게'가 관건이라고 생각했다. 종잇장처럼 얇은 맥북 에어를 만들고 싶은데 문제는 덩치가 큰 부속품 몇 가지였다. 범인은 ODD(optical disc drive)와 배터리였다.

  디자인을 위해 모든 것을 희생하는 스티브 잡스도 배터리 앞에서는 손을 들었다. 현재 기술로는 배터리의 용량이 크면 클수록 배터리를 오래 쓸 수 있다. 이것은 물리법칙이기에 배반할 수 없다. 원하는 시간만큼 쓸 수 있는 배터리 용량을 확보하려면 노트북 컴퓨터 내의 가능한 모든 공간에 배터리를 채워 넣어야 한다.

  그 다음으로 큰 공간을 차지하는 부품이 ODD였다. 기술자들은 난색을 표했다. 부팅 후 시스템을 설치하고 하드디스크의 내용을 백업하는 데 가장 관건이 되는 부품이 ODD인데 그것을 제거하라니 그럴 수밖에 없었다. 당연히 기술자들은 "NO."라고 대답했다.

  스티브 잡스는 대안을 생각하기 시작했다.

  'ODD가 수행하고 있는 기능은 무엇인가?'

  '그 기능을 '외부'에서 다른 것이 수행한다면 그 부품은 제거할 수 있지 않

을까?'

'제거', '추출', '분리'의 원리에 주목한 순간이었다. 맥북 에어 노트북의 설치는 주변에 깔린 인터넷을 통해서 진행된다. 자료의 백업은 타임캡슐이라는 무선 외장 하드디스크를 쓰면 된다. 음악이나 영화 서비스는 주변에 깔린 무선 인터넷을 통해 접근할 수 있다.

스티브 잡스는 기술자와 우리에게 묻는다. "자, 아직도 ODD가 필요한가?" 우리는 대답한다. "아마도." 그러나 "반드시 필요한가?"라는 질문에는 "아니요."라고 대답할 것이다.

멕북 에어와 주변기기에는 단 두 가지 단점이 있다. 첫째는 가격이다. 일습을 구비하려면 한 단계 높은 사양의 (그러나 두꺼운) 다른 컴퓨터보다 더 많은 비용이 필요하다. 둘째는 애플에서 제공하는 좋은 무선 서비스들을 제공받을 수 없는 장소가 세상에는 너무나 많다는 사실이다.

"버튼만 누르세요, (다른 귀찮은 건) 저희가 다 하겠습니다"

1800년대 후반의 카메라는 어떤 모습이었을까? 당시는 필름을 다루기 위해 텐트까지 낑낑거리면서 짊어지고 다녀야 했고 사진을 찍은 후에는 바로 현상과 인화를 해야 하는 시대였다. 카메라 역시 보통 사람은 가까이 할 수 없는 고가의 특수 장비였다.

당대의 사진 기술이 가지고 있는 기술적 한계를 모순어법을 빌려 정리하면 다음과 같다.

● 모순 상태 0 : 만약 (A)사진을 찍으면,
(B)원하는 이미지를 실물 그대로 오래 간직할 수 있어 바람직하나,

(C)사진 찍을 준비가 너무 번거롭고 전문가에게 의뢰해야 하는 귀찮은 문제가 있어 바람직하지 않다.
- 모순 상태 1 : 반면, (-A)사진을 찍지 않으면,
(C)번거롭지는 않아 바람직하겠지만
(B)한 번밖에 없을지도 모르는 이미지를 실물 그대로 오래 간직할 수 없어 바람직하지 않다.

조지 이스트만은 사진술의 창시자는 아니지만, 일반인들이 사진기를 사용할 수 있도록 한 대중 사진술의 창시자이다. 그는 로체스터 은행의 직원으로 시작하여 지금의 이스트만 코닥 사를 설립하였다. 알려지기로는 젊은 시절에 아마추어 사진사로서 취미 활동을 즐겼다고 한다. 취미를 사업으로 성공한 사람이 적지 않은데, 이스트만 역시 아마추어 사진사라는 취미 덕분에 카메라가 가진 기술적 문제와 고객의 소리를 가장 잘 이해할 수 있었던 것으로 보인다.

그가 개발한 기술들은 사진을 찍을 때 진입 장벽이었던 기술적인 난해함을 획기적으로 감소시켜 대중이 사진술이라는 도구를 자유자재로 쓸 수 있게 하였다. 많은 사람이 무겁고 번거로운 카메라 장비를 소형화하기 위해 롤필름을 카메라에 장착하려고 시도했으나 이스트만이 제일 먼저 롤필름을 카메라에 장착하여 상업적으로 성공했다.

이스트만의 천재성은 사진 찍는 작업을 사진사가 아닌 일반인들에게까지 즐길 수 있도록 해 주었다. 역사를 누구 이전, 누구 이후로 나누어 본다면, 이스트만 이전과 이스트만 이후로 나눌 수 있을 정도이다.

이스트만 이전의 사진의 개념은 찍는 것이 전부가 아니라 현상과 인화까지 본인이 직접 한다는 것이었다. 이스트만은 기존의 사진 찍는 절차 중 일반인이 하기 어렵고 시간이 오래 걸리는 현상과 인화 부분을 과감히 분리하여 일

반인은 단지 찍는 데에만 전념하고 '또 다른 누군가'(바로 코닥 사)가 귀찮은 현상과 인화를 담당하고 돈을 버는 비즈니스 모델을 제시하고 구현하였다.

이스트만이 제시한 비즈니스 모델에서는 일반인은 당시 값비싼 카메라를 굳이 구입하지 않아도 되었다. 고객은 코닥 사에서 필름이 든 카메라를 빌려 가서 찍은 다음 코닥에 현상과 인화를 맡기고, 며칠 후 인화된 사진을 찾아간 후 대금을 치르면 되었다. 고객에게 해롭거나 귀찮은 부분을 '분리'하여 새로운 서비스를 창조하면 돈이 되는 기회가 된다는 것을 코닥 사의 성공 모델은 잘 보여 준다.

코닥 사의 초기 성공에는 기술적인 요인에 더하여 사진술에 있어서 각종 번거로운 절차들을 고객들에게서 분리한 비즈니스 모델이 큰 기여를 했다.

각종 자원이나 요구 조건에서 모순이 발생할 경우, 모순되는 요구 조건을 만족시키기 위한 요소/물질/절차를 시간적·공간적으로 층위를 나누어서 서로 떼어 두거나 분리하는 식으로 해결하는 것이 정석이다. 과학 기술의 발전, 기술적 창의성, 좋은 비즈니스 모델은 이 범주의 생각을 다양하고 빠르게 전개하는 것과 관련이 깊다.

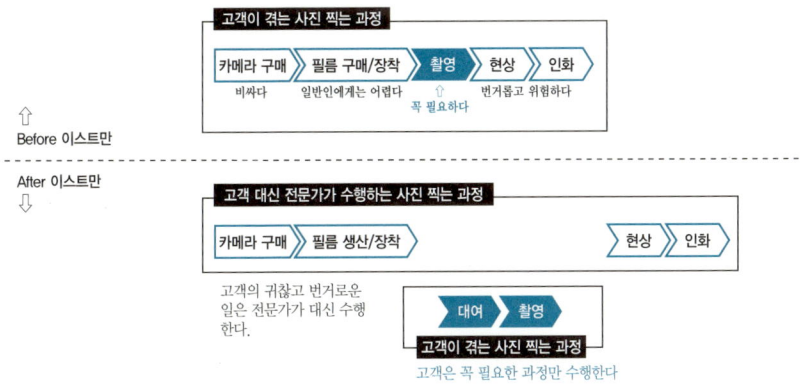

이스트만 이전과 이후의 사진술

>> 원리 길라잡이 02. [제거]

유익한 기능_____을 신규 도입/수행/유지/향상시키고,

유해한 영향_____의 발생을 막기 위해

관심 시스템/대상_____에 포함된

◆ 유해한 요소/물질만 제거한다면?
◆ 유익한 요소/물질만 추출해서 활용한다면?
◆ 유해한 에너지/장만 제거한다면?
◆ 유익한 에너지/장만 추출해서 활용한다면?
◆ 유해한/쓸모없는 절차만 제거한다면?
◆ 유익한 절차만 분리해서 그것만 한다면?

새롭게 만들어진 나의 아이디어 :

원리 03. 탈균일
핵심 부분만 집중한다면?

"어젯밤 한국에서 일하는 A국가의 노동자 한 명이 B역에서 소매치기를 하다가 현장범으로 검거되었습니다."라는 뉴스 보도가 나간다면 사람들은 마치 '모든 A국가 노동자'가 범죄자인 것처럼 생각하는 특성이 있다. 단지 'A국가 노동자 한 명'이 범죄를 저질렀다는 것뿐인데, 사람들은 성급하게 그가 속한 대집단의 성질이 그와 비슷할 것이라고 믿는 것이다.

이것은 인간이 가진 심리적 관성 중 가장 강력한 것 중 하나인 '전부' 혹은 '균질'에 대한 환상 때문이다. 한 요소의 성질을 "전체적으로 균질할 것이다." 혹은 "동일해야 한다."고 우리는 무의식적으로 생각하는 경향이 있다 (부정하고 싶어도).

그런데 한 요소의 성질이 전체에서 모두 균질할 필요가 있을까? 오히려 균일성, 균질성을 파괴하는 극히 일부분의 변형으로 전체적인 시스템의 효율이나 기능성이 더욱 향상되는 경우가 많다. 심지어 과거에 불가능했던 것도 가능하게 한다.

균질성에 얽매이지 말고, 정말 작용이 필요한 부분을 가려서 선택하고 집중하는 지혜야말로 좋은 착상의 기본 중 기본이다.

한약 봉지를 쉽게 자르는 방법

동생이 몸을 웅크려 얼굴이 빨개질 정도로 뭔가에 힘을 쏟고 있다. 가서 보니 과자 봉지를 뜯기 위해 끙끙거리는 것이었다. 그러면 당신은 분명 동생에게 이렇게 말할 것이나. "이 바보야, 칼이나 가위 놔두고 뭐하는 거야." 하지만 동생은 오기가 생겨 칼이나 가위의 도움 따윈 받고 싶지 않다. 그리고 칼이나 가위는 자칫하면 위험할 수 있다.

과자 봉지나 라면 봉지라면 그나마 다행이다. 요즘엔 봉지가 잘 뜯어지도록 봉지 끝 면에 톱니 모양을 내놓기 때문이다. 그러나 한약을 담은 파우치라면 손으로 뜯는 것이 거의 불가능하다. 설사 뜯었더라도 힘을 너무 많이 주는 바람에 옷에 한약이 튀는 불상사를 겪어야 한다. 데워 먹어야 하는 한약의 특수성 때문에 파우치는 가열된다. 그럼 가열된 한약 파우치는 더욱 뜯기 어렵다.

이럴 경우 가위나 칼이 필요하다. 그런데 가위나 칼은 조금만 부주의하거나 거동이 불편한 사람의 경우 손을 베일 위험이 있다. 또한 한약을 먹는 이들은 몸이 불편한 이들이 많아 칼이나 가위를 가서서 가려면 이만저만 번거로운 것이 아니다. 그렇다고 주변에 칼이나 가위를 두면 어린이들에게 사고가 발생할 위험이 있다.

이 상황을 모순어법을 빌려 표현해 보자.

●모순 상태 0 : 만약 (A)가위나 칼을 사용하면,
(B)파우치를 쉽게 자를 수 있어 바람직하나,
(C)안전사고의 위험이 있어 바람직하지 않다.

●모순 상태 1 : 만약 (-A)가위나 칼을 사용하지 않는다면,
(C)안전사고의 위험은 제거할 수 있어 바람직하나
(B)파우치를 열기가 어려워 바람직하지 않다.

이러한 고객의 모순 상태를 해결한 상품이 나왔다. 파우치 커터가 그것이다. 파우치 커터는 손잡이의 극히 일부분에만 칼날을 설치하고(local quality), 손잡이를 이용해 칼날이 직접 신체에 닿는 것을 방지하였으며(separation, extraction), 봉투와 같은 얇은 것만 칼날에 닿을 수 있도록 가는 홈을 내준 아이디어 상품이다.

파우치를 뜯기 위해 가위나 칼을 사용해야 하는 위험과 번거로움을 파우치 커터가 아주 가볍게 해결해 주었다. 눈여겨볼 것은 파우치 커터는 주변에 그냥 놓아두어도 아이들이 다칠 염려가 없다는 것이다. 아이들 손이 들어가기에는 파우치 커터의 칼날이 개방된 틈이 너무 좁다.

"커터 칼이나 문방구용 칼이면 됐지 또 무슨 칼이 필요해."라고 반문하는 사람이 있을지도 모르겠다. 하지만 아이들이라면 위험도는 더 증가하지 않을까? 뜯어야 하는 파우치가 홈이 없는 한약 봉지라면 가위나 칼이 번거롭지 않을까?

이 제품은 겉보기에는 간단한 제품이지만, 그 안에는 보관이나 사용할 때 사람이 다치지 않도록 안전성을 유지하면서 편리하게 커팅하라는 기술 제안자의 배려가 탈균일의 원리 형태로 살아 숨 쉬고 있다.

탈균일은 이런 작은 부분의 변화로 새로운 가치를 지닌 제품을 만드는 방법이다.

데운 한약 봉지는 손으로는
잘 찢어지지 않는다.

칼이나 가위로 자르는
것은 안전사고의 위험
이 있다.

칼날이 외부로 노출되지 않아
안전하게 자를 수 있다.

파우치 커터

보이는 곳만 자세하게, 모두 다 자세하게 그릴 필요는 없잖아?

컴퓨터 게임은 이제 가장 보편적인 오락 거리와 여가 도구가 되었다. 최근에 출시된 컴퓨터 게임들을 보고 있노라면 살아 있는 생물체보다 더 생생하다는 느낌을 받는다. 이러한 컴퓨터 게임은 대부분 삼차원(3D) 그래픽을 이용한다.

현실감 있는 3D 그래픽을 구현하려면 가상적으로 설정한 공간과 그 공간 안에 있는 가상 물체의 모양 등을 모두 데이터로 가지고 있어야 한다. 다양한 물체의 모양을 표현하기 위해서는 물체의 표면을 많은 수의 삼각형의 집합으로 표현하는 기법을 사용한다. 이러한 방법으로 표현한 물체를 색을 칠하지 않은 상태로 화면에 띄워 보면 마치 철사로 엮어 만든 그물처럼 보이기 때문에 '와이어 프레임(wire frame)' 혹은 '메쉬(mesh)'라는 말로 표현하기도 한다.

어떤 물체를 표현한 메쉬는 기본적으로 삼각형의 집합이다. 따라서 삼각형의 개수가 적으면 물체의 모양이 정밀하지 않고, 삼각형의 개수가 많으면 보다 미세한 부분까지 표현할 수 있다. 하나의 삼각형을 화면에 표시하려고 해도 행렬(matrix)연산 등 복잡한 연산이 필요하고, 밝기, 색깔, 무늬 등을 표현할 때에는 더 많은 연산이 필요하다.

즉, 화려한 3D 영상을 구현하는 데에는 엄청난 규모의 계산량이 필요한 것이다. 제아무리 최신의 그래픽 전용 칩을 쓴다고 하더라도 계산량이 많은 경우 그림이 나타나는 속도가 느려지고 그에 따라 게임 속도도 제약을 받을 수밖에 없다.

이 상황을 모순어법으로 표현해 보자. 모순의 어법에 익숙해졌으니 빈칸을 채우면서 모순을 음미하는 기회를 가져 보자.

- 모순 상태 0 : 만약 (A)단위 영역당 삼각형의 개수가 많으면, (B)화려한 영상 구현이 가능하여 바람직하나, (C)_____하여 바람직하지 않다.
- 모순 상태 1 : 만약 (-A)단위 영역당 삼각형의 개수가 적으면, (C)_____는 하여 바람직하나, (B)_____하여 바람직하지 않다.

이 모순을 해결하는 원리는 다름이 아니라 사람의 시각이 갖는 제한성에 따라 어느 부분은 자세하게, 어느 부분은 대충 그리는 방법이다. 모든 부분이 다 자세한 것이 아니라 자세하게 그려야 할 부분만 자세하게 그린다는 의미이다.

가상공간에서 캐릭터의 시야 외부에 있는 물체나 배경은 정의상 안 보이는 것이므로 그것을 나타낼 필요가 없고, 보여주는 데 필요한 삼각형을 위한 계산도 할 필요가 없다. 이것은 '컬링(culling)'이라 불리는 기법이다.

또한, 캐릭터의 시야각 내에 있는 물체라 하더라도 가까운 것은 자세하게 표현할 필요가 있지만, 중간 거리는 좀 덜 자세해도 되며, 먼 거리에 있는 물체는 자세히 표현할 필요가 없다. 이처럼 거리에 따라 묘사의 정밀도를 조절하는 기법을 LOD(level of detail)라고 부른다.

다음에서처럼 중앙에 관찰자가 있고, 오른쪽 방향을 바라보고 있다고 가정하면 부채꼴 안쪽의 물체만 표현을 위해 계산하면 되고, 또 가까운 범위에 있을수록, 그림에서 색이 짙은 부분에 있는 물체일수록 자세한 모양을 표현하고, 멀리 있는 물체일수록 간단한 모양으로 표현해 주면 계산량을 크게 줄이면서도 비슷한 화질의 3D 영상을 얻을 수 있다.

시스템의 일부만 바꿔 본다는 것, 균일성을 제거한다는 방향은 오히려 다

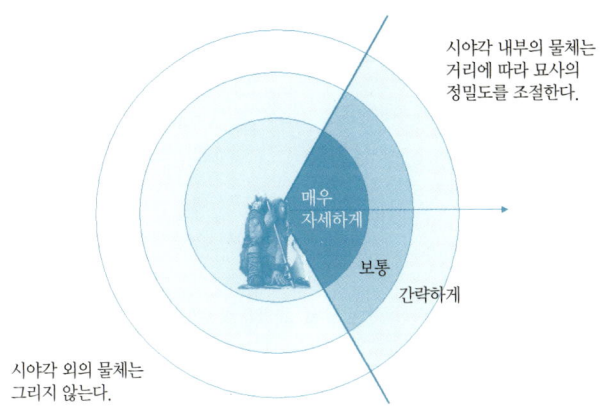

보이는 곳만 자세하게 그린 3D 영상

른 원리들에 비해 생각하기 쉬운 방법에 속한다. 조립형 제품이나 물질, 공정, 서비스 등 여러 가지 분야에서 일부만 바꾸려는 시도는 좋은 성과를 나타낸다.

  우리는 때로 균일성을 깨 버렸을 때 귀찮고 번거로운 것이 발생할까 봐 우려한다. 하지만 기억해야 한다. 균일성을 깨고자 했을 때 감당해야 할 번거로움이 생각보다 크지 않은 경우가 상당히 많다는 것을. 설사 귀찮다고 생각해서 시도하지 않으면 또 다른 누군가는 필연적으로 그 방향을 뚫어낸다는 것을…….

>> 원리 길라잡이 03. [탈균일]

유익한 기능_____을 신규 도입/수행/유지/향상시키고,

유해한 영향_____의 발생을 막기 위해

관심 시스템/대상_____에 포함된

◆ 해당 요소/물질이나 환경의 '일부'만 바꾼다면?

◆ 해당 요소/물질의 부분부분이 서로 다른 기능을 수행한다면?

◆ 해당 요소/물질의 각 부분을 기능하는 데 가장 유리한 조건이 되도록 배치한다면?

◆ 해당 에너지/장을 '일부분'에만 가한다면?

◆ 해당 에너지/장을 대상의 부분부분마다 다르게 가한다면?

◆ 해당 절차 중 '일부'만 순서나 방식을 바꾼다면?

새롭게 만들어진 나의 아이디어 :

원리 04. 탈대칭
대칭과 균형에서 벗어난다면?

"오른쪽 윗머리가 왼쪽에 비해서 조금 더 긴 것 같은데요?"

두발 자율화가 이루어지지 않았던 시절, 지금 이 책을 읽고 있는 남성 독자라면 학창 시절에 미용실이나 이발소에서 머리를 스포츠형으로 자르던 기억이 있을 것이다. 그 당시엔 머리를 자른 후 제일 마지막으로 점검하던 것이 머리의 좌우대칭이었다. 그리고 학교에서 친구의 머리가 규정보다 조금 길어 선생님에게 한쪽 머리카락을 뭉텅이로 잘리면, 양쪽 머리카락의 균형이 맞지 않아 어색한 친구의 모습에 다들 웃곤 했다.

우리의 의식 속에는 '원리 03'에서 다룬 균일성의 고정관념과 같이 '대칭을 이루어야 한다'는 대칭성에 관한 심리적인 관성이 있다. 선풍기의 날개나 수도꼭지의 형상, 형광등의 형상, 카드 신청 절차, 통신 방식, 우주선 로켓의 노즐 등 사소한 것에서부터 큰 것까지 인간은 대칭성에 대한 무의식적인 갈망을 갖고 있는 것처럼 보일 정도다. 실제로 우리는 비대칭적인 사물을 보면 불안감을 느끼곤 한다. 그러나 기술 시스템에서는 대칭성을 깨는 순간 대칭성 때문에 발생했던 많은 문제가 한 번에 사라지는 경우가 많다.

차가 많이 다니는 방향만 도로를 넓힌다면?

만약 우리 회사 앞길이 아침 출근 시간대에는 차가 한꺼번에 몰려 교통 체증이 극심한 반면 저녁에는 일찍 퇴근하는 사람, 야근하다가 늦게 퇴근하는 사람 등으로 교통량이 분산되어 상대적으로 정체가 심하지 않다고 가정해 보자.

이런 도로의 교통 체증을 해결하는 방법은 무엇이 있을까?

사람이 많이 출근하는 방향으로 도로를 한 차로 더 만들어주면 된다. 만약 기존 도로가 편도 2차로였다면 편도 3차로로, 반대쪽 도로는 기존대로 편도 2차로로 하는 등의 아이디어를 생각해 볼 수 있다.

이것은 교통량이 많은 방향은 도로를 넓게 하고 교통량이 적은 쪽은 도로를 좁게 한다는 탈대칭의 원리이다.

대칭성을 깬 ADSL

최근에는 인터넷 연결에 전화선과 모뎀을 사용하는 경우가 거의 없다. 대부분 '초고속 인터넷' 서비스를 이용하여 모뎀보다 수십 배 빠른 서비스를 누리고 있다. DSL(디지털 가입자 회선, digital subscriber line)이라는 일련의 통신기술이 이러한 빠른 인터넷 서비스를 가능하게 한 주역이다.

그중의 하나인 ADSL(asymmetric DSL)이라 불리는 기술은 1988년부터 미국 벨코어 사가 개발한 당시에는 크게 부각되지 못했다. 그러다가 1995년 인터넷 붐과 함께 대용량 데이터(주로 음악이나 영상 이미지 정보)를 주고받을 때 통신 속도가 문제로 부각되면서부터 ADSL이 주목받게 되었다.

웹 서핑(web surfing)을 하는 사용자의 경우, 사용자가 통신회선으로 보내는 데이터의 대부분은 인터넷 주소와 같은 짧은 길이의 문자열이다. 반면, 사용자가 통신회선에서 받는 데이터는, 보려는 웹 페이지의 내용, 그림, 소리, 동영상처럼 크기가 큰 경우가 많다.

이러한 경우, 양방향으로 동일한 전송대역폭을 제공하는 통신 방식을 쓴다면, 데이터를 올려보낼 때는 빨리 보내지만, 데이터를 내려받을 때에는 시간이 오래 걸리게 된다.

ADSL은 그 이름처럼 사용자가 통신회선으로 보내는 경우보다 사용자가 통신회선에서 받는 경우의 전송대역폭이 훨씬 커지도록 설계된 기술이다.

이는 마치 앞에서 예로 든 것처럼, 교통량이 많은 방향의 도로는 늘리고 교통량이 적은 방향의 도로는 좁히는 것과 유사하다.

물론 ADSL은, UCC 등으로 인한 사용자의 업로드 데이터양이 많아진 요즘 상황과 영상전화, 영상회의, 원격진료 등 대칭적 양방향 서비스에는 적합하지 않다는 태생적인 약점이 있다.

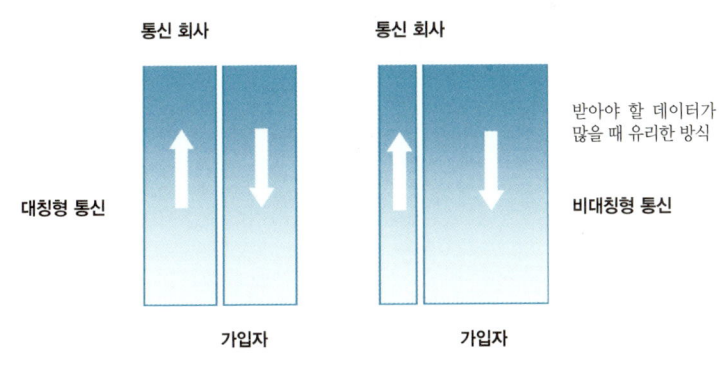

대칭형/비대칭형 통신 서비스 비교

아이디어를 잘 내는 방법 중 하나는 우리 주변에서 흔히 볼 수 있는 것에 대해 근본적인 기능과 효용성을 곰곰이 생각해 보고 반문하는 습관을 기르는 것이다.

'대칭적'인 형상을 보게 된다면 다음과 같은 질문을 해 보자. "꼭 대칭이어야 할 필요가 있을까?" 그리고 대상이 유익한 특성·기능과 유해한 특성·기능이 동시에 있어서 새로운 물질을 도입하거나 제거하기가 어렵다면 "기본적으로 대칭성을 깬다면? 비대칭으로 만들거나 대칭성에 변화를 준다면?"과 같은 질문을 해 보자.

여기에 보다 상세하게 대칭, 덜 대칭, 비대칭, 비대칭 심화의 방향으로 생각을 전개하면 좋은 아이디어를 창출할 수 있을 것이다.

〉〉 원리 길라잡이 04. [탈대칭]

유익한 기능_____을 신규 도입/수행/유지/향상시키고,

유해한 영향_____의 발생을 막기 위해

관심 시스템/대상_____에 포함된

◆ 해당 물질/요소/환경의 형상/속성의 대칭성을 깨뜨린다면?
◆ 해당 물질/요소/환경의 형상/속성을 더욱 비대칭적으로 만든다면?
◆ 해당 에너지/장의 작용 방향의 대칭성을 깨뜨린다면?
◆ 해당 에너지/장의 작용 방향을 더욱 비대칭적으로 만든다면?
◆ 해당 에너지/장의 속성의 대칭성을 깨뜨린다면?
◆ 해당 에너지/장의 속성을 더욱 비대칭적으로 만든다면?
◆ 해당 절차의 대칭성을 깨뜨린다면?
◆ 해당 절차를 더욱더 비대칭적으로 만든다면?

새롭게 만들어진 나의 아이디어 :

원리 05. 통합
모으고 결합해
하나로 만든다면?

초등학교 때 미국에서 전학 온 친구가 있었다. 미국에서 살다가 왔다는 이유로 반 친구들의 관심을 샀던 그 친구에겐 한국에서 보지 못한 물건이 하나 있었다. 지금 생각하면 특별할 것 없는 물건이지만 그때 당시엔 반 친구들의 이목을 집중시킬 만큼 신기한 지우개 달린 연필이었다. 반 친구들은 그 지우개 달린 연필을 갖고 싶어 미국에서 온 친구에게 수단과 방법을 가리지 않고 물밑 작업을 했다. 아마도 연필과 지우개의 두 기능을 하나로 모은 편리성과 함께 그 당시 우리에게 새로움이라는 것을 맛보게 한 창의성이 깃든 물건이 있기 때문이리라.

이처럼 서로 반대되는 기능이나 작용을 하는 시스템 간의 결합이 바로 통합의 사례 중 하나이다. 금융 상품에서 주가가 오를 때 수익이 나는 불포지션펀드(bull position fund)와 주가가 내릴 때 수익이 나는 베어포지션펀드(bear position fund), 주가와 관계없이 시중 실세 금리에 수익률이 연동되는 네추럴포지션펀드(neutral position fund)의 예금 상품을 엮어 엄브렐리펀드(umbrella fund)를 구성하는 것도 이에 해당한다.

'모아서 합치는 것'은 이번 원리의 기초가 되는 생각이다. 동일한 장소에 모아 두는 것은 사용자가 느끼는 효과를 크게 하는 데 영향을 주며, 서로 다른 시간대에 수행하던 작업을 동일 시간대에 수행하는 것은 한정된 자원(시간뿐 아니라)을 가장 효율적으로 사용할 수 있다.

그러나 아무것이나 모아 둔다고 새로운 장치의 물건이나 서비스가 되는 것은 아니다. 대상 시스템의 이용 방식이나 대상 물건의 겉모습에만 신경을 쓰는 것이 아니라 다른 시스템이나 고객, 상위 시스템 등에도 관심을 기울여야 새로운 생각이 도출된다. 새로운 생각에는 기존의 생각을 변형시키는 것 외에 전혀 새로운 요소를 도입하는 것이 가장 확실한 방향이다. 이 경우 전제가 되는 것이 있다. 바로 새로운 요소나 다른 요소에 대해 폭넓은 지식과 심도 있는 이해, 그리고 자신의 시스템에 정통해야 한다는 것이다.

이제는 상식이 되어 버릴 정도인 통합의 원리. 따로따로 구매하는 것보다 저렴하며, 공간이 절약된다는 이점이 있는, 그래서 상품 가치가 높은 물건들을 만든 이 원리를 알기 위해서는 다음에 나와 있는 사례들이 좋은 지침이 될 것이다.

다림질의 혁신을 가져 온 모으기의 기술

서로 관련성 있는 기능 간의 결합으로 만들어진 다리미. 다리미는 구겨진 옷을 펴는 기계다. 이를 과학적으로 정의하면 다리미란 "섬유의 형상을(옷을) '변형'시키고 '고정'시키는(눌러서 펴는) 기능을 수행하는 기술 시스템(기계)"이다.

그럼 다림질을 할 때 필수적인 요소는 무엇일까? 그리고 이 요소들은 어떤 기능을 할까?

다림질이 되려면 열과 압력, 수분이라는 세 가지 요소가 필요하다. 그래서 스프레이가 발명되기 이전, 옛날 우리 어머니나 할머니들은 입에 물을 머금고 있다가 뿜어내는 방법으로 수분을 공급했다. 수분은 섬유가 변형되기 쉽게 하는 유연제(plasticizer) 역할을 하기 때문이다. 수분은 보다 낮은 온도에서 섬유의 변형을 가능하게 하는 유연제로서의 작용 외에도 섬유가 과도하게 과열되어 타 버리는 것을 막는 작용도 함께 수행한다.

압력은 사람이 다리미를 누르는 힘으로 발생시켰으며 열은 다리미 내부에 숯을 넣거나 인두를 숯에 꽂아서 가열하는 방식으로 얻었다. 열은 섬유의 구김을 펼 때 섬유 내의 물리적인 변형을 유도하는 역할을 하고 압력은 열원과 섬유를 밀착시켜 열을 보다 잘 전도되게 하는 중추적인 역할을 한다. 압력은 또 섬유의 변형을 유도하거나 유지시키는 약간의 기능도 가지고 있다.

핵심요소	물방울	열원	금속판, 손잡이
기능	섬유를 유연하게 한다	섬유를 변형시킨다(major)	열전달을 촉진시킨다 섬유를 변형시킨다 (minor)
절차	물 분사	가열	가압

다차원 자원 분석 : 다림질과 관련된 자원

다림질을 하는 과정에서 활용되는 요소와 기능을 일목요연하게 정리하면 위의 표와 같다. 트리즈 학계에서는 이를 '다차원 자원 분석'이라고 부른다. 무언가를 모은다고 할 때는 뜬금없이 다른 요소를 모으는 것이 아니라 의미를 가진 요소를 모으는 안목이 필요하다. '다차원 자원 분석'은 모았을 때 의미를 가질 수 있는 요소를 파악하는 데 좋은 가이드라인을 제공한다.

예를 들면 이런 식이다. 다림질이라는 절차에서 반드시 필요한 것은 물을 분사하는 것이다. 그런데 기존에는 물을 별도로 분사해야만 했다. 그렇다면 다림질을 위해 물을 분사하는 것이 반드시 필요한 활동이니 통합을 시도해 보는 것이 어떨까? 발상은 이렇게 시작되는 것이다.

필자가 어릴 때만 해도 시골에서는 숯을 넣는 다리미와 인두를 썼다. 전기스팀다리미와 숯다리미 사이의 시간적 갭은 그리 크지 않지만 편리함은 극적으로 달라졌다. 다리미는 기술 진화의 일반적인 경향을 잘 보여 주는 사례이다.

최초의 스팀다리미는 전기다리미가 아니었다. 산업혁명 시대에는 별도의 스팀라인을 설치해 스팀을 가하면서 다림질을 하는 장치를 개발했다. 그런데 기술이 발전하여 열원으로 전기를 사용하게 된 이후로도 한참 동안 다리미 내에 스팀분사기는 설치되지 않았다. 독자들께서 그 이유를 짐작해 보기 바란다.

자동차 + 할부금융서비스 = 오토론

차는 일시불로 구입하기에 부담이 큰 제품이라서 많은 사람이 할부로 구매한다. 그런데 자동차 회사에서 차만 파는 것이 아니라 할부 금융 서비스도 함께 판매한다면 어떨까? 만약 할부 금융과 차를 함께 파는 경우 '차를 파는 이윤 더하기 할부 금융 서비스에서 나오는 이윤' 등 두 종류의 이윤 창출이 가능하다. 할부 금융은 파는 차를 담보로 가져갈 수 있으므로 상대적으로 위험률이 매우 낮고 마케팅 비용이 적게 든다.

책이 있는 여행, 음식이 있는 여행과 같은 것들이 여기에 포함되는 전형적인 사례이다. 이밖에도 전혀 결합을 예상하지 못했던 연하장 서적과 같은 것들은 의외성이 주는 가치 때문에 고객이 자주 찾는 상품이다.

결합을 할 때에는 통상 자사 제품 간의 결합 혹은 비슷한 종류의 제품이나 기능 서비스의 결합만을 생각하기 쉽다. 햄버거 가게라면 다른 결합 메뉴를 생각해 보도록 하자. 이런 결합은 어떨까? 아침 메뉴로 햄버거와 조간신문의 결합, 어린이 메뉴로 햄버거와 장난감의 결합이라면? 이렇게 서로 다른 제품과의 결합도 구매자의 생활 방식에 의미를 가진다면 매우 큰 가치를 생신힐 수 있나.

나의 시스템을 제3의 시스템 요소와 결합해 보는 것은 가치 있는 발상의 방향이다. 자, 그럼 지금부터 발상을 전환하여 다음과 같은 방향으로 생각해 보자. 다른 것, 그렇지만 관련 있는 절차나 요소를 하나의 장소에 모아 보자. 혹은 하나의 시간대에 존재하도록 해 보자. 안경을 맞추거나 사진을 찍고 난 후 멍하게 앉아 기다린 경험이 있는가? 그럼 시간대를 동일하게 맞춰서 쇼핑의 기능을 결합시켜 보자. 안경점이나 사진관이 쇼핑할 수 있는 상점과 합쳐진 공간이라면 고객은 지갑을 계속 열 것이다. 대형 쇼핑몰의 전략처럼……

모으기를 하고자 한다면 하나는 반드시 기억해 두자. 관심을 두는 고객이나 제품의 전후좌우에 있는 요소들을 다차원 자원 분석표를 통해 살펴보는 활동을 꼭 한 다음에 모으기를 해도 늦지 않다는 것을.

〉〉 원리 길라잡이 05. [통합]

유익한 기능_____을 신규 도입/수행/유지/향상시키고,

유해한 영향_____의 발생을 막기 위해

관심 시스템/대상_____에 포함된

◆ 해당 물질/요소를 제3의 요소나 장과 결합하거나 모아 둔다면?

◆ 해당 물질/요소를 제3의 요소나 장과 한 공간에 모아 둔다면?

◆ 해당 물질/요소가 제3의 요소와 다른 시간에 동작되었을 경우 동시에 동작되도록 한다면?

◆ 해당 물질/요소가 제3의 요소와 동작 주기가 달랐을 경우 동작 주기를 일치시킨다면?

◆ 해당 에너지/장을 제3의 요소나 장과 결합하거나 모아 둔다면?

◆ 해당 에너지/장을 제3의 요소나 장과 한 공간에 모아 둔다면?

◆ 해당 에너지/장이 제3의 요소나 장과 다른 시간에 동작되었을 경우 동시에 동작되도록 한다면?

◆ 해당 에너지/장이 제3의 요소나 장과 동작 주기가 달랐을 경우 동작 주기를 일치시킨다면?

◆ 해당 절차를 제3의 절차나 대상/장과 결합하거나 모아 둔다면?

◆ 해당 절차를 제3의 절차, 요소나 장과 한 공간에 모아 둔다면?

◆ 해당 절차가 제3의 절차나 장/요소와 다른 시간에 동작되었을 경우 동시에 진행되도록 한다면?

◆ 해당 절차가 제3의 절차나 장/요소와 동작 주기가 달랐을 경우 진행 주기를 일치시킨다면?

새롭게 만들어진 나의 아이디어 :

〉〉 통합의 TIPS

'무엇을 모을까'는 참으로 중요한 문제이다. 그냥 모은다고 가치가 더해지는 것은 아니기 때문이다. 무작위로 통합하는 것은 당치 않은 일이며, 적어도 다음과 같은 대상들끼리 모아야 가치를 발생할 수 있다. 다음에 나와 있는 방향은 가장 기본적인 방향일 뿐 내 시스템의 과거 진화 주기와 현재의 상태에 따라 가장 적절한 제3의 시스템을 찾아내는 안목은 연습을 통해 길러야 한다.

- 동일한 대상 : 모터를 하나 달던 것을 두 개 달아 출력을 높일 수 있다.
- 유사한 대상 : 검정 볼펜에 빨강 볼펜을 결합할 수 있다.
- 일련의 절차로 묶을 수 있는 대상 : 견출지와 펜, 빨래와 건조, 진공청소와 스팀청소
- 관련이 있는 상위 시스템의 대상 : 김치-김치냉장고, 세제-세탁기, 수분-다림질
- 이질적이나 동일한 테마를 가질 수 있는 대상 : 『토지』책과 『토지』의 주 무대가 되는 곳으로 떠나는 여행
- 서로 반대되는 작용을 하는 대상 : 연필과 지우개, 쓰기와 읽기, 입력과 출력, 불(bull)과 베어(bear)
- 동일한 장소와 관련 있는 대상
- 동일한 시간과 관련 있는 대상 등

원리 06. 다기능
일석이조삼조사조한다면?

몇 년 전 아직 결혼하지 않고 혼자 사는 친구 집에 놀러 간 적이 있다. 원룸 형태의 친구 집은 혼자라서 그런지 아기자기했다. 그리고 텔레비전이 있는 거실에 침대가 놓여 있었다. '원룸이라 침대 놓을 곳이 마땅치 않아서 그런가 보다.'라고 생각하고 있을 때 친구가 말했다.

"오늘 바쁘다 보니 소파베드를 안 접어 놨네. 잠깐만."

말이 떨어지기 무섭게 친구는 침대를 반으로 접어버렸다. 그러고는 내게 커피를 내어 올 테니 잠깐 소파에 앉아서 기다리라고 했다. 차를 마시면서 당시 생소했던 소파베드에 대해 물었다. 친구는 "보면 알겠지만 혼자 살아도 집이 좀 좁잖니. 그래서 실용적인 것을 찾다 보니까, 평소에는 소파로 사용하고 잘 때 소파를 펴서 침대로 사용할 수 있게 만든 게 있더라고. 가격도 싸고 해서 얼마 전에 산 거야."라고 말했다.

왜 미처 이런 생각을 하지 못했을까. 혼자 사는 사람이 많아지면서 집은 작아도 필요한 물건은 다 들여놔야 하는 현실은 다기능의 원리를 통한 상품들이 히트를 칠 수 있는 좋은 조건 위에 놓여 있다. 소파베드의 경우 그때 이후 시간이 많이 흐른 최근(2008년 2월)에도 옥션에서만 일주일에 4,000여 개씩 팔리고 있는 히트 상품이다. 거기에 가격도 10~20만 원대의 저가다.

친구의 집에는 소파베드뿐만 아니라 주방기기를 수납하는 가구와 연결된 식탁, 수납장에 거울이 달려 화장대로 쓸 수 있는 가구 등이 있었다. 그날 친구의 집에서 필자는 다기능의 중요성이 얼마나 중요한지 깨달았다.

다기능화는 크게 두 가지 방향성이 있다. 하나는 제품이나 시스템의 기본적인 기능은 그대로 수행하면서 제3의 기능을 수행하도록 생각하는 방향성이다. 이 제3의 기능은 동시에 수행할 수도 있고 순차적으로 혹은 별도로 수행할 수도 있다. 또 다른 다기능화의 방향성은 시스템의 일부를 생략하면서 생략된 부분의 기능을 다른 부분이 원래 가지고 있던 기능과 함께 수행하는 경우이다.

대표적인 예가 거울이 되는 텔레비전이다. 거울이 되는 텔레비전은 매력적인 제3의 기능을 부가적으로 필요한 경우에 수행하는 것이지만, 호텔 주인의 입장에서는 거울이라는 호텔방의 필수 요소를 생략하고 텔레비전이라는 또 다른 필수 요소가 거울의 기능을 함께 수행하는 것이 된다. 시장에서 설득력을 가지는 것은 텔레비전의 입장에서 매력 기능으로 거울의 기능까지 되는 것(case 1)이 아니라 호텔 경영자의 입장에서 거울이라는 요소를 생략하고 텔레비전이 그 기능을 대신하는 것(case 2)이다.

거울이 되는 텔레비전과 다기능화라는 원리는 동일하지만 case 1보다는 case 2로 묘사된 상황이 좀 더 설득력이 있다는 점을 주목해서 투자자나 고객에게 어필하는 것이 중요하다. 당신이 경영자라고 생각해 보라. case 1의 방식으로 어필하는 기술에 투자할까? 아니면 case 2의 방식으로 어필하는 기술에 투자할까? 투자자나 고객을 설득할 때 그들의 입장에서 상위 시스템의 귀찮음과 비용 소모를 당신이 제안하는 다기능화된 기술 하나로 모두 없앨 수 있다는 점을 강조하자.

변기 의자, 샴푸 의자, 책상 의자를 한 번에?

아기가 정말 빨리 자란다는 것은 아기를 키워 본 엄마들은 다 안다. 그리고 거기에 맞춰서 필요한 것들이 너무 많고 다양해서 아기에게 들어가는 돈 또한 만만치 않다는 것도 안다. 옛날처럼 자식이 많아서 물려서 쓰면 그 아까움이 덜할지도 모르지만 지금은 다르다. 요즘엔 많은 가정에 아기가 한 명 밖에 없다 보니 장난감이나 아기 용품을 살 때 꼭 필요한 것인지 매장에서 한참 고민하곤 한다. 그래서 이왕이면 다기능이면서도 튼튼한 것을 찾아 사게 된다. 이런 소비자의 상황을 잘 아는 업체의 대표라면 상품의 다기능화에 신경 쓰지 않을 수 없다.

다기능 의자는 그러한 아기 키우는 사람의 마음을 정확하게 포착해서 때론 화장실 변기용으로, 공부할 땐 책상용으로, 아이 머리를 감길 땐 뒤로 젖혀지는 샴푸 의자용으로 만든 것이다.

이름처럼 유니버설한 케이블 USB

필자가 대학교를 다니던 1990년대 중반만 해도 컴퓨터는 장치마다 서로 다른 포트를 사용해서 연결했다. 각 장치마다 전용 포트가 무엇인지, 전용 케이블이 무엇인지 잘 구별해서 연결해야 했다. 예를 들면 프린터는 병렬 포트(parallel port), 키보드는 PS/2라는 이제는 이름도 생소한 전용 포트, 마우스는 직렬 포트(serial port)나 PS/2 포트 하는 식으로 장치의 종류마다 연결 포트가 달랐다.

장치마다 따로국밥인 연결 포트는 컴퓨터에 익숙하지 않은 이들에게는 정말 골칫거리가 아닐 수 없다. 그래서 이사라도 하거나 컴퓨터의 위치를 옮기는 날에는 서로 다른 포트를 찾아서 연결하느라 진땀을 빼거나 시간을 많이 소모해야 했다. 그 당시 많은 사람이 '모두 다른 방식으로 연결하던 키보드, 모니터, 마우스, 프린터 등 기본적인 주변기기들을 하나로 다 연결할 수 있는 다기능 케이블이 있다면 얼마나 편할까.' 하는 소박한 생각들을 하곤 했다.

그 소박한 생각들이 이제는 상식이 되었다. 몇몇 특수한 장치를 제외하고는 컴퓨터와 연결할 때 USB 포트 한 종류만을 사용하기 때문이다.

예전에는 주변기기를 컴퓨터와 연결하여 사용할 때 별도의 전원이 필요하였으나 USB 포트는 전원(적은 전력이긴 하지만)을 공급할 수 있어 별도의 전원 없이 주변기기를 편리하게 활용할 수 있다. USB는 새로운 주변기기가 접속되었을 때 재부팅이나 셋업 과정 없이 자동으로 인식할 수도 있다. 설치하기 쉽고 대부분의 메인보드 칩셋에 USB 컨트롤러가 포함되어 있기 때문에 별도의 추가 기기가 필요하지 않다. 또한 USB를 통하여 연결되는 기기는 USB를 통하여 제한적이나마 충전도 할 수 있다는 장점이 있다.

한 가지 유닛으로 다양한 장치에 대응하거나 다양한 기능을 제공할 수 있

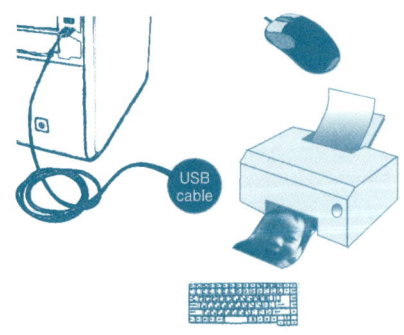

USB는 여러 주변기기를 모두 연결할 수 있는 범용성이 있어 매우 편리하다.

다는 점에서 다기능의 원리에 꼭 들어맞는 사례가 USB이다.

이제는 컴퓨터에 붙여 쓸 수 있는 장치들, 즉 프린터, 키보드, 마우스, 외장 디스크 등등의 기기 중 USB 연결 방식을 사용하지 않는 기기를 찾아보기가 힘들 지경이 되었고, 스피커, 발표용 마우스, 심지어는 작은 선풍기나 핸드폰 충전까지 USB 포트를 점령하게 되었다.

>> 원리 길라잡이 06. [다기능]

유익한 기능_____을 신규 도입/수행/유지/향상시키고,

유해한 영향_____의 발생을 막기 위해

관심 시스템/대상_____에 포함된

◆ 해당 요소/물질이 제3의 유용한 기능을 수행한다면?
◆ 해당 요소/물질이 제3의 유용한 기능을 다수 수행한다면?
◆ 해당 요소/물질을 다양한 장치에 대응할 수 있게 한다면?
◆ 전체 시스템의 다른 부분을 제거하면서 해당 요소/물질이 제거된 요소의 기능을 함께 수행한다면?
◆ 해당 에너지/장이 제3의 유용한 기능을 수행한다면?
◆ 전체 시스템의 다른 부분을 제거하면서 해당 에너지/장이 제거된 요소의 기능을 함께 수행한다면?
◆ 해당 절차가 제3의 유용한 기능을 수행한다면?
◆ 전체 시스템의 다른 부분을 제거하면서 해당 절차가 제거된 요소의 기능을 함께 수행한다면?

새롭게 만들어신 나의 아이디어 :

〉〉 다기능화의 TIPS

무슨 기능을 추가로 수행하게 할까는 중요한 문제이다. 다음과 같이 여러 가지 방향이 가능하겠으나 중요한 것은 내 시스템의 과거 진화 주기와 현재의 상태에 따라 가장 적절한 제3의 기능을 찾아내는 안목이다.

- 일련의 상위 절차로 묶을 수 있는 기능
- 관련이 있는 상위 시스템의 기능
- 이질적이나 동일한 테마를 가질 수 있는 기능
- 서로 반대되는 작용을 하는 기능

원리 07. 층층 겹겹
포개라,
그리하면 편리할 것이다

당신은 집에서 정리정돈을 잘하는 편인가? 해외여행을 떠나기에 앞서 짐을 꾸릴 때 가져가야 할 많은 물품을 여행 가방에 잘 넣는 편인가? "그렇다."라고 대답한다면 당신은 이미 포개기의 창의성을 발휘하고 있는 사람이다. 층층 겹겹으로 포개는 포개기의 원리는 우리의 일상생활에서 너무나 밀접하고도 흔하게 발견되기 때문이다.

대학 시절 산이나 바다, 계곡 등으로 엠티를 떠날 때 마법처럼 차곡차곡 포개 넣을 수 있는 코펠이 없었다면 모두 얼마나 힘들었을까? 자가용이라도 있으면 모르지만 그땐 대부분 버스나 기차를 이용해서 떠났다. 도착해서 음식을 해 먹을 때 다양한 크기의 냄비가 되는 코펠은 국과 밥 등 음식을 조리하는 데 유용하게 쓰였다. 사용할 때는 길이가 길고, 사용하지 않고 휴대할 때는 주머니에 쏙 들어가는 안테나형 지시봉도 이 범주에 속한다.

이처럼 휴대와 보관이 편리하고 공간 활용을 극대화하려면 층층 겹겹 포개기가 되도록 해야 한다. 면을 포개는 것도 생각할 수 있고, 전선과 같이 여러 층의 튜브 형태가 되도록 한다거나 한 대상의 내부에 다른 대상을 끼울 수 있는 형상도 생각해 볼 수 있다. '포개 놓은 구조'를 양파 껍질 벗기듯이 찾아 들어가면 된다.

"이게 무슨 발명·발상의 원리냐?"라고 말할지 모르겠다. 하지만 많은 사람이 이런 사소한 것이 삶을 획기적으로 바꾼다는 것을 잊고 산다. 또한 '포개기'라는 것을 물리적인 '포개기'로만 한정해서 이해하고 활용하려 한다면 더 넓고 세밀한 발명이나 발견은 이루어질 수 없다. 그럼 지금부터 우리가 일상에서 가장 흔히 보는 것 중의 하나인 종이컵을 통해 '포개기'가 가지는 가치를 한번 되짚어 보자.

종이컵에 숨은 깊은 뜻

커피나 음료수를 좋아하는 대학생이나 회사원이라면 하루에도 몇 번씩 자판기를 통해 종이컵과 마주한다. 그런데 그렇게 쉽게 만나는 일회용 종이컵에도 우리가 인지하지 못하고 있는 발명의 원리가 깃들어 있다. 바로 종이컵 상단이 머그컵이나 유리잔처럼 반듯하지 않고 돌돌 말려 있다는 점이다.

종이컵 상단의 돌돌 말린 부분이 없다면 무엇이 불편한지 생각해 보자.

종이컵 위의 돌돌 말려 있는 부분이 없다면 우리의 생활은 무척 불편할 것이다.

불편 1. 커피나 차를 담았을 때 내용물을 잘 지지하지 못한다.
불편 2. 포갰을 때 잘 빠지지 않아 고생한다.
불편 3. _____

불편 1은 머그컵이나 유리잔처럼 견고하고 딱딱한 재질이 아닌 종이로 되어 있기 때문에 발생하는 문제이다. 종이컵 상단을 돌돌 말면 이 문제를 해결할 수 있다. 불편 2는 종이컵을 포갰을 때 종이컵과 종이컵 사이의 틈이 많지 않아 생기는 문제를 해결해 준다.

개발자나 회사의 입장에서는 '사용'에만 눈길이 가게 마련이다. '포개기'는 '비사용'의 시점까지도 고려하라는 강력한 메시지를 개발자나 회사에게 일깨운다. 포개기를 위해서는 코펠처럼 그냥 단순히 크기만을 조절하는 것만으로는 부족한 경우가 있다. 종이컵을 포갤 때 제일 겉의 것을 크게 만들고 제일 속의 것을 작게 만든다고 생각해 보라. 이렇게 되면 제일 마지막의 종이컵은 에스프레소를 따르는 데나 쓸 정도로 작아질 것이다. 종이컵의 상단부가 주는 메시지는, 포갤 때도 상황에 따라 요령이 필요하다는 것이다.

포개기를 위해 아주 약간의 부가물은 필요할 수도 있다. 그 부가물을 다른 것으로 만들 생각을 하지 말고, 자체에 아주 약간의 변형을 가함으로써 달성해 보라는 것, 그것이 종이컵의 상단이 들려주는 이야기이다. 불편 3은 독자 여러분의 참여를 기다리는 빈칸이다. 여러분이 생각하는 이유를 적어 보자.

문제 해결과 창의성에 관련된 재능은 다음과 같다.

첫째, 문제를 인지하고 이해를 잘하는 재능, 둘째, 문제에 대한 아이디어를 내는 재능, 셋째, 문제의 메커니즘이나 아이디어의 구성을 정교하게 다듬을 줄 아는 재능, 넷째, 아이디어를 실제로 구현하는 재능이다. 혹자는 이것을 분석자(analyst), 개발자(developer), 창조자(ideator), 구현자(implementor)라는 범주로 구분하기도 한다.

이 네 가지 재능은 혁신적인 발상을 위해서 반드시 필요한 재능이다. 문제를 인지하고 이해하는 재능은 우리가 당연하다고 생각하는 물건이나 시스템을 비판적으로 볼 수 있는 데서 길러진다. 앞에서 언급한 '불편 리스트'를 평소에 써 보는 것은 기존 시스템에 대한 분석력, 문제의 인지 감도, 이해력의 정교성을 증진하는 데 효과가 큰 훈련 방법이다.

창조적인 기술적 해결안은 기술과 필요(needs)가 만나는 아주 좁은 영역에서 일어나므로, 기술이 나타나건 편리함을 추구하는 것과 같은 필요가 나타나건, 그것을 바로 포착할 수 있도록 통찰력을 기르는 인지력 계발을 꾸준히 해 둘 필요가 있다.

주변에서 흔히 보는 당연하다고 생각하는 물건들은 사실 대부분 어마어마한 혁신의 결과물이다. 그러한 물건들의 세밀함 속에 숨어 있는 기능과 의미를 찾는 것은 발명적 상황에 대한 통찰력을 기르는 가장 쉽고도 효과적인 방법이다. 다음과 같은 과정을 연습함으로써 좋은 아이디어 발상에 핵심 요소인 통찰력을 업그레이드할 수 있다.

종이컵 상단의 돌돌 말린 부분이 없다면 불편한 점이 무엇인지를 다 찾은 독자라면 종이컵의 하단을 살펴보자. 그곳에 보이는 특징과 특징이 없다면 생길 불편함도 한 번 더 연습해 보자.

종이컵 하단의 특징은 무엇이 있을까? 종이컵 하단의 특징이 없다면 생길 불편함에 대해서 써 보자.

1. _____
   _____

2. _____
   _____

≫ 원리 길라잡이 07. [층층 겹겹]

유익한 기능_____을 신규 도입/수행/유지/향상시키고,

유해한 영향_____의 발생을 막기 위해

관심 시스템/대상_____에 포함된

◆ 해당 요소/물질을 다른 대상의 내부에 포갠다면?
◆ 해당 요소/물질 여러 개를 다른 대상의 내부에 다발로 포갠다면?
◆ 해당 요소/물질이 다른 대상을 관통한다면? 다른 요소/물질이 해당 요소/물질을 관통한다면?
◆ 해당 장을 다른 장의 내부에 중첩시킨다면?
◆ 해당 절차를 다른 절차의 내부에 포갠다면?
◆ 해당 절차 여러 개를 다른 절차의 내부에 꾸러미로 포갠다면?

새롭게 만들어진 나의 아이디어 :

원리 08. 상대성
상대적 차이에 집중한다면?

"물리학에 아인슈타인의 상대성원리가 있다면 발명과 발상에도 상대성원리가 있다."

홍보 팀에서 일하고 있는 회사원 A씨는 요즘 좀처럼 해결되지 않는 업무로 밤잠을 설쳤다. 새로운 상품의 광고 콘셉트를 잡았는데 타 회사의 상품 광고가 자신의 광고 기획안 콘셉트와 비슷하게 나왔기 때문이다. 그대로 광고 기획안을 낼 수는 없었다. 며칠을 고민한 끝에 A씨의 머릿속에 스쳐 지나가는 생각이 있었다.

'비슷한 것이지 똑같은 것은 아니잖아.'

그랬다. 똑같은 것은 아니었다. 그렇다면 굳이 비슷한 것을 버릴 필요는 없었다. 대신 다른 것을 부각시키면 되는 것이었다. A씨는 자신의 광고 콘셉트와 타 회사의 광고 콘셉트를 비교하고 분석하기 시작했다. 그 결과 타 회사의 광고에는 없는 '자신감'에 대한 콘셉트가 있었다. A씨는 공통점은 자연스럽게 놔두고 타 회사 광고 콘셉트와의 '상대적 차이'를 적극적으로 활용하여 새로운 광고 콘셉트를 탄생시켰다.

이처럼 두 가지 비교 대상이 있을 때에는 공통점은 자연스럽게 활용하고 '상대적 차이' 부분에만 에너지를 소진하는 것이 훨씬 더 경제적이고 효율적이다.

'원리 08'은 대상의 성질을 변화시키거나 통째로 무언가를 하는 대신에 대상과 기준과의 상대성을 이용한다면 보다 효율적으로 기능을 수행할 수 있다는 의미이다. 실제로 데이터를 백업할 때 데이터를 통째로 저장하는 것이 아니라 기준이 되는 데이터와 상대적 차이만을 저장함으로써 저장해야 할 데이터 용량을 비약적으로 감소시키는 기법이 있다. 수시로 업데이트를 하는 경우라면 이 방법을 즐겨 쓴다.

다음에 나와 있는 사례를 통해 눈으로 보이는 물리적인 '상대적 차이'를 이용한 문제 해결 방법들을 알아보자.

힘들게 다 들어 올릴 필요는 없잖아?

해저에 침몰된 보물선을 인양할 때 배를 그냥 들어 올리지 않고 배 내부에 풍선을 넣은 후 풍선에 공기를 불어넣어 부력을 가한 다음 인양하는 기법이 있다. 이 기법을 사용하면 그냥 인양하는 것보다 보물선을 끌어올릴 때 힘이 덜 든다. 기준점인 바닷물에 대비하여 배의 무게가 상대적으로 가벼워졌기 때문이다. 작용을 가할 때나 전체를 모두 핸들링하는 것이 큰 자원 소모를 동반하거나 제약이 될 때 기준이 되는 대상을 도입하고 이 특정한 기준점과의 차이에만 작용을 가하는 것이다. 이것이 바로 상대성원리의 핵심이다.

엘리베이터에도 상대성원리가 숨어 있다.

아파트에 살고 있는 사람이라면, 특히 높은 층에 살고 있는 사람이라면 엘리베이터 고장이 얼마나 당황스럽고 절망에 빠트리는 일인지 알 것이다. 엘리베이터를 타고 있다가 고장 난 경우의 당황스러움과 두려움, 집에 들어가기 위해 1층 엘리베이터 앞에 섰는데 '고장'이라고 붙여져 있을 때의 절망은 이루 말할 수 없다.

필자 역시 그런 경험이 있다. 엘리베이터를 타고 올라가고 있는데 갑자기 엘리베이터가 멈춰 선 것이다. 비상벨을 눌러 엘리베이터 수리 기사가 도착했을 때에야 안심이 되었다. 30여 분을 엘리베이터에 갇혀 있다가 문이 열렸을 때의 기분은 겪어 보지 않은 사람은 모른다.

정신없는 상황에서도 필자는 반쯤 걸쳐진 엘리베이터 사이로 많은 와이어 줄이 사람이 타는 부분(cage)에 달려 있는 것을 보았다. '우리가 평소에 아무 의식 없이 타고 다녔던 엘리베이터의 이면은 이런 모습이구나.'라는 생각을 하며 엘리베이터의 작동 원리와 일반적인 제원이 궁금해지기 시작했다. 그렇게 해서 이것저것 엘리베이터에 관해 알아본 결과, 엘리베이터의 작동 원리에 상대성원리가 숨어 있다는 것을 발견했다.

엘리베이터의 구조와 원리는 아래 그림에 나와 있듯이 매우 간단하다. 사람이 타는 부분(cage)과 평형추(anti-weight)가 도르래 양쪽에 로프로 연결되어 있다. 케이지가 오르락내리락할 때에 모터로 도르래를 돌리면 케이지와 평형추는 양쪽에 있는 가이드 레일을 따라 서로 반대 방향으로 오르고 내린다. 만약 평형추 없이 케이지만 올렸다 내렸다 한다면 필요한 에너지는 더욱더 클 것이다. 그러니까 평형추 덕분에 엘리베이터 구동 시 승객의 무게만 들어 올리면 되기 때문에 필요한 에너지가 적게 드는 것이다. 도르래로 케이지와

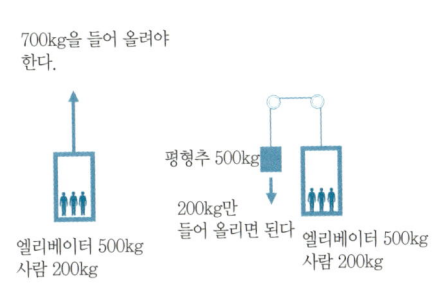

엘리베이터는 평형추로 인해 탑승자의 무게만 들어 올리기 때문에 에너지가 적게 든다.

사람을 그냥 들어 올리는 것이 아니라 균형추로 가능한 한 필요한 에너지를 줄이는 것이다.

그날 일을 계기로 상대성원리를 이용해 꼭 필요한 힘만을 사용하는 엘리베이터의 작동 원리를 알게 되었다. 이 글을 읽은 독자라면 필자와 마찬가지로 이제 엘리베이터를 탈 때 상대성원리가 머릿속에 그려지지 않을까?

영상 휴대 전화가 탄생하기까지 : 영상의 부피를 줄이는 비법

예전에는 휴대폰에 음성 통화라는 한 가지 기능만 있었다. 이제 휴대폰은 음성 통화 기능은 기본이고 영상 전화까지 할 수 있다.

그런데 영상 휴대 전화는 영상을 압축하는 표준, 압축 혹은 압축을 풀 때 빨리 풀 수 있도록 해 주는 컴퓨터 부품의 진화가 없었다면 불가능했을 것이다. 영상 데이터는 데이터의 크기가 매우 큰데, 일정한 주파수 대역 안에서 어떻게 해서든 큰 덩치의 데이터를 주고받아야 영상을 볼 수 있다.

이것을 가능하게 한 것이 바로 영상 압축 기술이다. 영상 압축 기술인 동화상전문가그룹(Moving Picture Expert Group, MPEG) 표준 속에는 '상대적 차이'를 이용하는 발명의 원리가 숨어 있다. 영상 정보들은 서로 전혀 다른 것도 있지만, 비슷한 시간대역의 영상들은 비슷한 부분이 많다. 압축할 때 전체 영상들 중 큰 차

기준 영상

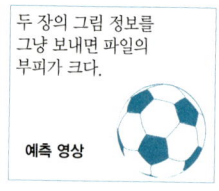
예측 영상

두 장의 그림 정보를 그냥 보내면 파일의 부피가 크다.

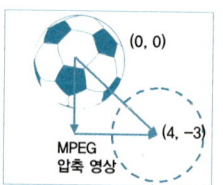
MPEG 압축 영상

두 장의 그림 중 하나와 둘 사이의 상대적인 차이를 이용하여 공통부분을 제거하면 파일의 부피를 줄일 수 있다.

영상의 부피를 줄이는 비법

이가 있는 영상들만 기준 영상(I-frame이라고 부른다)으로 하여 압축을 최소화해서 포함시킨다. 그리고 나서 나머지 영상은 전체 정보가 아닌 차이 정보만 포함시키기 때문에 압축 파일의 크기를 줄일 수 있는 원리이다.

이렇게 한결 작아진 파일은 빨리 올려주고 내려받을 수 있는 장점이 있다. 또 압축된 데이터를 내려받은 후에는 동영상을 틀어주는 기계에서 압축 정보를 이용하여 전체 영상을 복원 재생한다.

모든 영상을 그대로 전송할 경우 한정된 자원인 주파수대역을 많이 쓰거나 전송 시간과 저장 공간이 많이 필요하지만 MPEG 표준과 같이 기준점 영상과의 '차이 정보'만을 추출하여 압축한 후 전송, 저장하면 한정된 자원하에서 원하는 목적을 이룰 수 있다.

즉, 전체 데이터를 모두 보내려고 하지 말고 기준점을 활용해 기준점과의 차이 데이터만을 보낸다는 발상이다. 이것은 엘리베이터 전체를 들려고 하지 말고 기준이 되는 평형추를 달아 엘리베이터에 탄 승객/화물의 무게만큼만 힘을 가하는 아이디어와 분야는 다르지만 원리의 핵심적인 면은 놀랍도록 닮았다.

이 원리는 거의 모든 분야 곳곳에 숨어 효자 노릇을 톡톡히 하는 원리이다. 만약, 당신이 관심을 가진 분야에서 아직 이 원리를 활용한 적이 없다면 당장 상대성을 활용한 아이디어를 만들고 특허를 신청하는 것을 추천한다. 그 아이디어가 바로 돈이 되는 아이디어이다.

〉〉 원리 길라잡이 08. [상대성]

유익한 기능_____을 신규 도입/수행/유지/향상시키고,

유해한 영향_____의 발생을 막기 위해

관심 시스템/대상_____에 포함된

◆ 해당 요소/물질을 그냥 들어 올리는 것이 아니라 들어 올리는 힘을 내는 다른 대상과 결합하여 사물의 무게를 상쇄시킨다면?

◆ 해당 요소/물질의 무게를 상쇄하기 위해 외부 환경에 영향을 받는 공기 역학적·유체 역학적인 힘을 활용한다면?

◆ 해당 요소/물질 자체가 아니라 기준이 되는 제3의 대상과의 특성의 상대적 차이만을 활용한다면?

◆ 해당 요소/물질 자체가 아니라 대상과 기준이 되는 제3의 대상과의 특성 차이에 힘을 가하거나 처리를 한다면?

◆ 해당 장을 그대로 활용하는 것이 아니라 역방향의 장과 결합하여 활용한다면?

◆ 해당 장 자체가 아니라 기준이 되는 제3의 장과의 상대적 차이만을 활용한다면?

◆ 해당 절차를 그냥 활용하는 것이 아니라 역방향의 절차와 결합하여 활용한다면?

◆ 해당 절차를 기준이 되는 제3의 절차와의 상대적 차이만을 활용한다면?

새롭게 만들어진 나의 아이디어 :

원리 09. 선행 항력
바람직하지 않은 효과의
예방책을 만든다면?

지하철을 이용하다 보면 가끔 승강장에 만취한 사람이 서 있는 것을 볼 수 있다. 사람들은 비틀비틀 위태롭게 걸어가는 술 취한 사람을 보며 '저러다가 철로에 떨어지면 어쩌지?' 하고 걱정하거나 불안해한다. 하지만 취객은 그런 걱정을 알 턱이 없다. 몇 년 전만 해도 기관사들은 지하철 운행을 하면서 철로 사고 때문에 불안에 떨었다고 한다. 하지만 이제 그런 걱정이 완전히 사라질 날이 얼마 남지 않았다. 지하철 역사마다 스크린도어를 설치하고 있기 때문이다. 앞으로 전 역에 스크린도어를 설치한다면 이제 만취한 자나 자살자의 위험한 행동을 원천적으로 막을 수 있을 것이다.

'원리 09'는 이와 같이 나쁜 일을 대비하여 미리미리 반대되는 힘이나 요소를 장치해 두는 것을 말한다. 유익한 효과는 그대로 보존하면서 유해한 효과를 제거하려면 무슨 유해한 효과가 발생하는지 미연에 알고 사전에 예방하는 방안을 강구하는 것이 최선이다. 즉, 유해한 힘의 반대 방향이 되는 힘이나 힘을 생성하는 인자를 시스템 내에 미리 장치하여 기능이 수행되는 동안 유해 작용이 제거되게 하는 식이다.

생맥주 꼭지에 숨은 뜻

"야, 맥주 한잔 제대로 못 따라서 어떻게 할래? 이리 줘 봐."

기세등등하게 말하는 친구에게 맥주병을 넘겨주지만 그 친구라고 해 봐야 크게 달라지는 것도 없다. 그는 맥주컵에 넘치려고 하는 거품을 저지하기 위해 다급하게 입을 컵에 가져간다. 하지만 재빨리 행동하지 못해 거품이 넘친다.

이런 상황은 가게에서 직접 맥주를 사서 먹는 경우에는 별 문제가 없지만 생맥주 집에서는 다르다. 빠른 시간 안에 맥주를 따라야 밀리는 손님들을 대접할 수 있기 때문이다.

생맥주를 거품 없이 빨리 따라주는 터보탭은 대학생이었던 매튜 욘클의 작은 의문에서 태어났다. 대학생 매튜가 교내 맥주 집에 간 날이었다. 그날따라 손님들이 무척 많았다. 그 이유는 종업원들이 거품이 생기지 않도록 하기 위해 생맥주를 천천히 따르다 보니 손님들의 줄이 길어진 것이다.

경험 많은 웨이터가 아니어서 시간은 더 오래 걸렸다. 초보자들은 가끔 맥주를 빨리 따르다가 잔 하나 가득 거품을 따르기도 했다. 그렇다고 거품 없이 따르자고 천천히 따르기도 난감한 상황이었다. 길게 늘어선 손님들이 기다림에 지치고 시간을 허비하는 것이기 때문이다.

대학생 매튜가 발견한 이 상황을 모순어법으로 표현해 보자. 빈칸을 채우며 당시 갑갑했던 상황을 음미해 보자.

- 모순 상태 0 : 만약 (A)생맥주를 빨리 따른다면, (B)_____ 하여/되어 바람직하나 (C)거품이 많아 나와 바람직하지 않다.
- 모순 상태 1 : 만약 (-A)_____ 라면, (C)_____ 하여/되어 바람직하나, (B)손님들이 기다리는 시간이 늘어나 바람직하지 않다.

이러한 발명 문제에 접할 때의 정석은 이 문제가 왜 생길까 하고 진지하게 의문을 가져 보는 것이다. 어떻게 해결할까(How)는 왜 그 일이 일어났는지(Why)를 알고 난 후에야 의미를 가진다. 만약 해결 방법을 모르겠다면, 역으로 왜 그 문제가 발생했는지 적어도 여섯 번은 되묻자. 이 방법은 '6-WHY 기법'이라고 불리는 매우 잘 알려진 혁신 분석 기법이자 아이디어 발상 기법이다.

맥주의 거품은 왜 생길까? 맥주 속에는 곡물이 발효되면서 알코올로 변할 때 효모의 호흡에서 자연스럽게 발생하는 이산화탄소가 녹아 있다. 이산화탄소는 물속에서 탄산의 형태로 존재하는데, 통 속에 들어 있다가 대기압으로 나오면서 압력이 낮아지고 이때 물속의 이산화탄소가 외부로 방출된다. 콜라나 사이다를 따를 때 거품이 생기는 것도 똑같은 이유이다.

기계적인 충격, 예를 들어 맥주가 바닥에 세게 부딪히거나 하면 이산화탄소는 더 잘 방출된다. 외부의 공기가 강하게 유입되어도 맥주 흐름의 형태가 불규칙해져서 이산화탄소가 더 잘 방출된다. 그렇다면 결과는? 모두 알다시피 엄청난 거품이 형성된다.

맥주를 일반 꼭지에서 빨리 따를 때 거품이 더 잘 생기는 것은 중력을 따라 흐르는 맥주 속도가 빨라 맥주 컵 바닥에서 큰 충격을 받기 때문이다. 거품을 덜 생기게 하려면 맥주가 맥주 컵 바닥에 다다를 때 큰 충격이 가해지지 않도록 해야 한다. 그것을 위해서는 맥주의 흐름이 아래로 갈수록 속도가 빨라지지 못하게 해야 한다. 즉, 중력을 거슬러야 하는 것이다.

매튜는 대학생 때의 기억이 강렬했던지 문제가 생기는 원인을 원론적으로 고민했고, 그에 대한 해답을 스스로 찾았다. 10년 후 매튜는 거품을 획기적으로 줄이면서 빨리 생맥주를 따를 수 있는 터보탭을 발명했다. 그가 개발한 것은 길이 10센티미터짜리 스테인리스 스틸 맥주 따르는 꼭지였다.

발명자는 우선 맥주잔을 기울이지 않아도 맥주 꼭지가 맥주잔에 가까워지도록 맥주 꼭지를 길게 만들었다. 하지만 단순히 맥주 꼭지 호스를 길게 만드는 것만으로는 거품을 충분히 줄일 수 없었다. 맥주가 중력의 영향을 덜 받게 하여 더 천천히 내려오게 해야 했다.

그래서 맥주 꼭지의 윗부분은 굵게, 아래로 내려올수록 얇게 만들었다. 그 결과 맥주가 긴 맥주 꼭지 파이프를 타고 내려오면서 중력의 영향을 덜 받게 되었던 것이다.

이 터보탭을 사용하면 초보자라도 3초마다 약 500cc 한 잔을 채울 수 있고 매 잔마다 3센티미터 두께의 가장 이상적인 맥주 거품층도 생긴다고 한다. 일반적인 맥주 꼭지가 10초 이상 걸린다고 하니 획기적인 발명이 아닐 수 없다. 기존 맥주 꼭지와 비교하면 4배나 빠른 속도다. 그것도 거품 없이 말이다.

평범한 대학생인 매튜는 거품을 줄이면서 생맥주를 따를 수 있는 획기적인 발명품인 맥주 꼭지 터보탭을 발명했다.

이 기구는 일반 생맥주 따르는 부분에 꽂아 사용하면 되기 때문에 설치하기도 간편하다.

노즐의 길이와 모양을 변화시켜 맥주의 속도가 지나치게 빨라지거나 흐름이 불규칙해지는 것을 방지한 것뿐인데, 생맥주의 거품은 줄고 속도는 빨라져 맥주를 빠르게 맥주잔에 담을 수 있게 된 것이다.

이 발명은 거품이 발생하는 원인을 과학적인 이해를 바탕으로 접근해 해당 원인을 방지할 수 있는 간단한 유체역학적 장치를 도입한 것만이 전부이다.

찜질방의 수건을 도둑맞지 않으려면?

2006년 3월 17일 방영된 〈SBS, 신동엽의 있다! 없다〉 18회에서 '훔치고는 싶으나', '훔쳤다는 사실을 자랑하고 싶지 않은' 사람의 심리를 활용해 미리 심리적 항력인 '훔친 사실 광고'를 수건에 반영한 찜질방이 방영되었다. 찜질방 주인은 수건이 계속 없어져서 고민에 빠지게 되었다. 탈의실에 경비 시스템을 설치하거나 사람이 보초를 서게 하려 했으나 돈이 많이 들 뿐만 아니라 사생활 침해의 우려가 있었다. 이를 모순어법으로 표현하면 다음과 같다.

- 모순 상태 0 : 만약 (A)탈의실에 경비 시스템을 설치하면,
(B)수건이 없어지는 것을 막을 수 있어 바람직하나,
(C)시스템을 설치하는 데 돈이 들어가며, 사생활 침해가 되어 바람직하지 않다.
- 모순 상태 1 : 만약 (-A)탈의실에 경비 시스템을 설치하지 않는다면,
(C)시스템을 설치하느라 돈이 들어가지 않고 사생활 침해가 안 되어 바람직하나,
(B)수건이 사라지는 것을 막을 수 없어 바람직하지 않다.

모순을 해결하기 위해 이 찜질방에서는 수건을 갖고 갈 경우를 대비해서 '훔친 수건'이라는 글씨를 새겨 넣었다. 이후 수건을 가져가는 손님수가 줄어들었다고 한다.

이처럼 선행 항력의 원리는 기술적인 문제에만 발명의 원리를 활용할 수 있는 것은 아니며, 사회 문화적인 문제에서도 아이디어를 얻는 매개체로 활용할 수 있다.

인간의 도덕적 · 관습적 · 심리적인 항력을 활용한다면 매우 효과적으로 동

작하는 서비스나 절차를 설계할 수 있을 것이다.

  대상에 따라 해로운 효과가 발생하는 메커니즘이 다르고, 그에 대한 항력의 종류가 다르긴 하지만 '미리 항력을 가한다.'라는 기본 원리만은 모든 종류의 기술, 비기술 문제의 해결안에 공통적으로 적용할 수 있다.

〉〉 원리 길라잡이 09. [선행 항력]

유익한 기능_____을 신규 도입/수행/유지/향상시키고,

유해한 영향_____의 발생을 막기 위해

관심 시스템/대상_____에 포함된

◆ 유익하고 유해한 효과를 동시에 발생시키는 요소를/물질을 사용할 경우 유해한 효과를 제거하기 위해 미리 반작용을 가해 둔다면?
◆ 해당 요소/물질 내부에 항력을 미리 가해 둔다면?
◆ 유익하고 유해한 효과를 동시에 발생시키는 장을 사용할 경우 유해한 효과를 제거하기 위해 선행하여 반작용 장을 가해 둔다면?
◆ 유익하고 유해한 효과를 동시에 발생시키는 절차를 사용할 경우 유해한 효과를 예방하기 위한 절차를 미리 실행한다면?
◆ 일반적인 서비스, 절차 수행 시 고객이나 서비스 제공자가 유해한 활동을 하기 어렵게 만드는 심리적 · 관습적 저항감이 발생하는 요소/절차/장을 도입한다면?

새롭게 만들어진 나의 아이디어 :

원리 10. 예비 조치
미리 준비한다면?

"야, 기계에 먼저 식용유로 기름칠을 했어야지! 골치 아프게 돼 버렸잖아!"

언제인가 어머니와 찰떡을 한 되 하러 방앗간에 갔다가 방앗간 주인이 아르바이트생에게 호통치는 것을 들었다. 옛날에는 찰떡을 만들 때 찹쌀을 갈아서 찜솥에 푹 익힌 것을 절구에 넣고 찧어서 만들었는데 요새는 기계로 돌려서 만든다. 그런데 찜솥에 푹 익힌 찹쌀을 기계에 넣기 전에 기계에 미리 기름칠을 해야 꺼낼 때 기계에 붙지 않고 잘 떨어지는데 아르바이트생이 깜박하고 기름칠을 하지 않은 것이다. 아르바이트생은 기계 안쪽에 붙은 찰떡을 하나하나 손으로 긁어내고 있었다.

이처럼 미리 어떤 조치를 해 두어 후에 불편함을 겪지 않는 원리가 예비 조치이다. 유아용 젓가락에도 이 원리가 적용된다. 아직 손가락의 작은 근육을 잘 쓰지 못하는 유아들에게 젓가락을 잘 잡을 수 있도록 미리 손가락 구멍을 위치시켜 두는 것이 그것이다. 이밖에도 예비 조치의 사례는 많다.

미리 떼어 놔~. 찾기 쉽고 자르기 쉽게

지금은 보편화되어서 이전의 불편을 생각하지 못할 수도 있겠지만 필자가 어렸을 때만 해도 쓰고 나서 보관해 놓은 셀로판테이프(유리테이프라고 불렀다)를 다시 쓸 때 투명한 제품의 특성 때문에 그 끝을 찾기가 힘들었다. 손톱으로 더듬어 끝을 찾았다 해도 오래 쓰지 않아 딱 붙은 테이프를 손톱 끝으로 떼어 내느라 신경질이 났다.

떼어 내고 나서도 문제였다. 한 손으로 테이프를 롤에서 벗겨 내면서 다른 한 손으로 가위나 칼로 잘라내는 불편함을 감수해야 했다.

3M의 한 기술자는 많은 사람이 불편을 겪고 있는 이 사실을 잘 관찰했다. 그는 1년이 넘는 실험 끝에 부착식 디스펜서를 개발했다. 미리 테이프의 롤 끝을 절단하기 편하게 만든 커터에 붙여 놓은 것이다. 이로써 테이프의 끝을 찾기도 쉽고 절단하기도 쉬운 테이프 디스펜서가 탄생했다.

스카치테이프처럼 미리 떼어 두어서 생활을 좀 더 편리하게 한 것은 우리 주변에서 많이 찾을 수 있다. 과자 봉지나 라면 봉지의 끝을 삼각형 모양의 패턴으로 만들어 뜯기 쉽게 만든 것, 쿠폰이나 우표를 손으로 쉽게 자를 수 있도록 미리 잘라둔 것 등이 그것이다.

미리 수행하자

산업군별로 특히 중요한 자원이 존재한다. 정보통신 산업군에서는 '시간'이 그런 중요한 자원에 속한다. 소프트웨어(SW)라는 것이 생긴 이유도 사람이 기계적인 계산을 하는 시간을 줄여주기 위함이었다. SW의 각 단계별 명령이 동작할 때의 처리 시간을 감소시켜야 빨리 프로그램을 수행할 수 있다.

실제로 SW 프로그램의 명령을 수행하는 것은 컴퓨터의 두뇌인 중앙처리장치(central processing unit, CPU)이다. 메모리는 수행할 명령을 저장하고 있다가 수행할 차례가 오면 해당 명령을 CPU에 건네준다. 겉보기에는 전혀 문제가 없어 보이는 명령 수행 체계이다.

그러나 실상을 자세히 들여다보면 이 간단한 절차를 수행하는 데 어려운 제약 조건이 존재한다. 바로 CPU 자체의 계산 속도와 메모리에서 CPU로 명령을 건네줄 때의 속도의 차이가 그것이다.

CPU는 통상 1나노초(1초의 1억분의 1에 해당하는 매우 짧은 시간) 이내로 명령을 수행하는 컴퓨터 중에서 가장 빠른 부분이다. 메모리를 읽고 쓰는 속도는 통상 수백 나노초로서 CPU의 명령 수행 속도와는 100배 이상의 차이가 있다.

메모리에서 다음번 명령을 읽어오라고 해서 메모리에서 명령이 오기까지를 기다리다 보면, CPU는 상당한 시간 동안 명령 수행 없이 쉬는 사태가 일어난다.

일꾼이 일감이 아직 도착하지 않아 어쩔 수 없이 쉬는 격이다. 일을 해야 할 일꾼이 쉬고 있고, 전체 해야 할 일은 이미 정해져 있으니 시간이 많이 걸리는 것은 당연지사이다.

메모리에서 명령을 읽어오는 속도를 획기적으로 향상시킨다면 이 문제를 해결할 수 있겠지만, 이것은 먼 미래에나 기대할 수 있을 뿐 실용적인 의미에서는 불가능하다. 메모리의 획기적인 발전을 기대할 수 없는 만큼, 어떻게 해서든 CPU가 일을 계속 하도록 한다면 전체 정해진 일을 빨리 끝낼 수 있을 것이다.

어떻게? '미리하기'가 바로 정답이다. 명령예비추출(instruction prefetch)이라는 개념으로 알려져 있는 이 기술은 메모리에서 다음 명령을 '미리' 읽어오는 것이 핵심이다.

- 기존 : CPU에서 한 명령을 처리한 후 다음 명령을 메모리에서 읽는다.
- 명령예비추출 : CPU에서 한 명령을 처리하는 동안 다음 명령을 메모리에서 읽어서 가지고 온다.

실제로는, 메모리에서 CPU 사이의 관계에만 이런 기법이 적용되는 것이 아니라 다른 여러 컴퓨터 모듈이나 웹페이지를 읽어주는 웹브라우저에 이르기까지 IT 산업 전반에 걸쳐 널리 활용된다.

- 디스크에서 한 파일은 물리적으로 연속된 영역에 저장될 가능성이 많으므로 한 블록을 읽은 후에는 물리적으로 연결된 바로 다음 블록도 읽어서 준비해 둔다. 그 결과는 디스크에서 파일 읽는 속도를 높이는 데 기여한다.
- 사용자가 한 웹페이지를 보는 동안, 브라우저는 그 안에 있는 링크 내용을 미리 읽어오면 다음번 페이지를 띄우는 속도가 높아진다. 이 기법은 파이어폭스(Firefox)와 같은 웹브라우저에 도입되어 있다.

IT 산업계는 시간에 관해 고민을 많이 해 왔기 때문에 시간과 관련된 모순을 많이 겪었고, 모순에 대한 좋은 해결안을 많이 축적해 왔다. 이런 해결안은 IT 업계에서야 너무나 당연한 내용이지만 다른 업계, 특히 시간에 대해 심각한 고민을 해 보지 못한 업계에서는 너무나 소중한 힌트가 될 수 있다. 거꾸로 사람의 심리와 관련된 모순을 많이 겪은 분야에서는 그와 관련해 좋은 해결안이 상식일 것이고, IT 산업계에서 사람의 심리와 관련된 문제를 만날 때 좋은 힌트를 제공할 수 있다. 다양한 분야의 지식이 만나는 교차점에서 좋은 아이디어가 폭발적으로 증가한다는 것은 이런 이유이다.

예비 조치, 미리하기의 원리는 종종 '원리 09'의 선행 항력 원리와

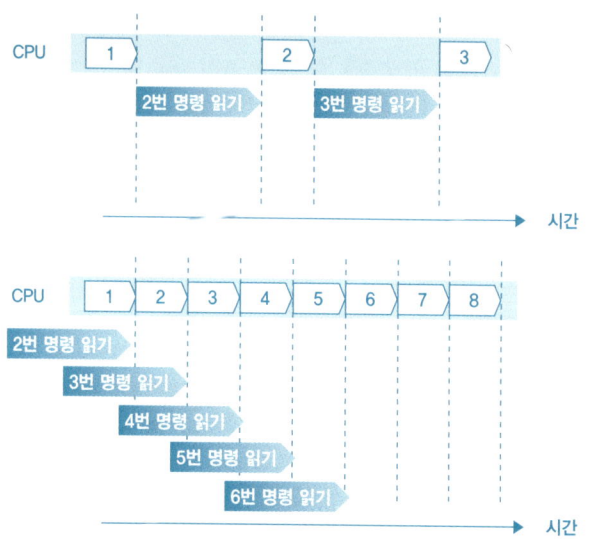

메모리에서 다음 명령을 '미리' 읽어오면 시간을 줄일 수 있다.

혼동된다. 미리 조치를 취하거나 요소를 도입하는 측면에서는 두 원리가 동일하다고 할 수 있다. 예비 조치나 미리하기는 필요한 것, 즉 순기능에 해당하는 것을 먼저 해 놓는다는 시각에서 바라본 원리이다. 반면, 선행 항력은 역기능에 대한 반대되는 성질의 힘을 가한다는 시각을 가진다. 동일한 내용에 대해 시각을 어떻게 가지냐에 따라 예비 조치로 보는 이도, 혹은 선행 항력으로 보는 이도 있을 것이다. '이 두 가지 원리 중 무엇이 어디에 적합한가.' 하는 이론적인 나누기보다 이 두 가지 원리를 모두 챙겨 보는 것이 더 실용적이다.

〉〉 원리 길라잡이 10. [예비 조치]

유익한 기능_____을 신규 도입/수행/유지/향상시키고,

유해한 영향_____의 발생을 막기 위해

관심 시스템/대상_____에

◆ 필요한 요소/물질/모듈을 미리 준비한다면?

◆ 필요한 에너지/장을 미리 가해 준다면?

◆ 필요한 절차/조치를 미리 해 둔다면?

◆ 필요한 대상의 위치나 방향을 미리 잡아 둔다면?

◆ 필요한 시스템을 프라이밍(priming)해 둔다면?

새롭게 만들어진 나의 아이디어 :

원리 11. 보상 준비
사고에 대비해 보험을 든다면?

'아파도 다쳐도 돈 걱정 없게 생활에 투자하자. 어떻게 될지 모르는 세상이기에!'

이것은 모 손해보험사의 광고 카피이다. 세상살이라는 게 완전하게 위험을 회피할 수 없기 때문에 만약을 대비한, 일정 부분 손실을 보전할 수 있는 보험을 드는 것이 좋다는 내용이다. 보상 준비의 원리는 이와 같이 뜻하지 않은 악재에 대비하는 것을 말한다. 또 다른 표현으로는 보상책 마련, 보험 들기, 사전보호조치(beforehand cushioning) 보험들기 등을 들 수 있다.

원래 의미는 어떤 대상이 신뢰성이 그리 높지 않은 경우 미리 준비해 둔 비상수단을 써서 보완하도록 해야 한다는 뜻이다. '원리 11'은 조금이라도 유해한 작용이 발생했을 때 치명적인 영향이 있거나 도저히 물리적 한계를 넘을 수 없으나 그것을 넘은 듯한 효과만 주고 싶을 때 활용할 수 있는 원리이다.

잉크젯 노즐이 막히면?

해외 출장을 다녀온 회사원 B씨. 장시간 집을 비워 프린터를 사용하지 않아서인지 잉크젯 프린터가 잘 작동하지 않았다. 노즐이나 헤드에 잉크가 굳고 먼지가 끼어 종이에 잉크가 찍히지 않았던 것이다. 노즐의 크기가 매우 작기 때문에 장기간 사용하지 않을 경우 이렇게 막히는 경우가 종종 생긴다.

노즐은 사용 중 여러 가지 이유(먼지나 잉크 용매의 증발, 기타)로 막히기도 하고, 노즐의 크기가 너무 작아서 막히는 경우 그 부분으로 잉크가 나오지 않아 흰 줄이 나타나는 문제도 발생한다. 기존의 잉크젯 프린터는 노즐이 막히더라도 인쇄될 때 흰 줄이 나오는 것을 보상하기 위해 헤드를 좌우로 흔들어 준다. 헤드를 흔들면 노즐이 막힌 부분과 노즐이 막히지 않은 부분의 이미지가 겹쳐져 전체적으로 균일한 이미지를 만들어 주도록 설계되어 있다. 그런데 이 흔들어줌 때문에 인쇄할 때 시간이 오래 걸린다는 단점이 있다. 한마디로 보험을 들어도 과하게 든 격이다.

이 상황을 모순어법으로 표현해 보자.

● 모순 상태 0 : 만약 (A)헤드를 흔들어 준다면,
(B)노즐이 막히더라도 흰 줄이 나타나지 않아 바람직하나,
(C) _____ 하여 바람직하지 않다.
● 모순 상태 1 : 만약 (-A) _____ 한다면,
(C)인쇄 시간은 감소되어 바람직하나,
(B)는 _____ 하여 바람직하지 않다.

이러한 단점을 보완하기 위한 기술 방식들을 각 잉크젯 프린터 회사에서 제안하고 있다. 그중 유럽 특허 번호 '1384592'는 비록 잉크가 비정상적으로 노즐에서 토출되더라도, 좋은 이미지 품질을 얻기 위해 비정상적인 노즐의 주변에 존재하는 다른 노즐들을 활용하여 잉크를 토출함으로써 비정상적인 노즐에서 잉크가 나오지 않는 악영향을 보상하는 것이다.

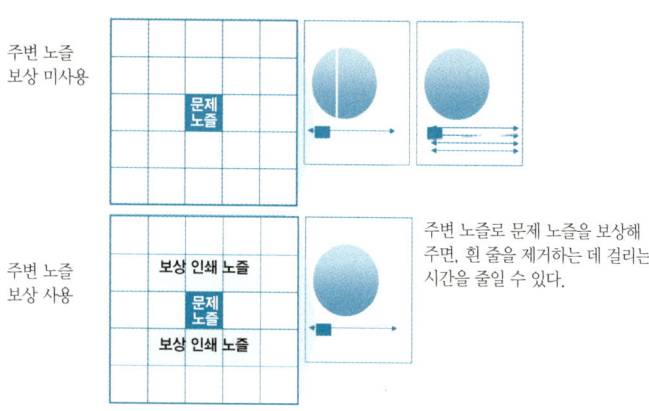

잉크젯 노즐이 막히면?

이러한 보상 메커니즘은 어느 정도까지만 이미지의 품질을 유지할 수 있기 때문에 회사원 B씨처럼 완전히 노즐이 다 막혔을 경우라면 노즐을 뚫어주는 정비가 필요하다. 발명의 원리로 언급할 가치가 있는 부분은 노즐이 막혀서 흰 줄이라는 좋지 않은 이미지가 프린팅되는 것을 방지하기 위해 미리 준비한 비상수단을 써서 보완했다는 점이다. 잦은 기기의 결함, 사소한 결함을 보완하는 것이 시급할 경우에는 보상책을 미리 준비해 둘 필요가 있다. 단 과도해서는 곤란하다.

울렁증이여 안녕

'LCD 텔레비전을 살까 PDP 텔레비전을 살까?' 많은 고객이 이런 고민을 한다. LCD가 PDP의 역동적인 화면을 따라가지 못해 고객이 PDP를 더 선호했던 적도 있다. 방송이 끝나고 자막이 올라가거나 동영상을 표시할 때 글자나 움직이는 물체가 꼬리를 끌면서 희미하게 보이는 현상이 일어나 보여 울렁증을 유발했기 때문이다. 이런 현상을 전문용어로 동영상 흐려짐이라는 의미의 '모션 블러(motion blur)'라고 한다.

불이 켜진 창을 두꺼운 커튼으로 덮을 때 커튼을 치는 속도가 매우 빠르면 빛이 순간적으로 없어지는 것처럼 보이지만, 커튼을 치는 것이 느리면 빛이 많이 보일 것이다. 불 켜진 창을 덮는 커튼과 같은 역할을 하는 물질인 액정은 특성상 수밀리초(천 분의 일 초) 정도로 천천히 움직인다. 그래서 실제 이미지의 움직임을 못 따라가 끌리는 것처럼 보이는 것이다.

PDP도 모션블러가 발생하기는 하지만 셀의 응답속도가 수마이크로초(수백만 분의 일 초)로 빠르기 때문에 사람이 느낄 수 있는 수준으로 모션블러가 발생하지는 않는다.

LCD에서 동영상을 볼 때 모션블러를 없앨 수 있는 가장 손쉬운 방법은 PDP와 비슷하게 빛을 차단하는 커튼 역할을 하는 액정을 열자마자 재빨리 닫아서 빛을 차단하는 것이다. 이 방법은 가장 손쉽고 확실하게 화면 끌림 현상을 줄일 수 있지만 화면에 빛이 나오는 절대 시간이 줄어들기 때문에 '어두워진다'. 이는 휘도가 매우 중요한 시스템인 디스플레이나 모니터에서는 치명적인 단점이다. 이 상황을 모순어법으로 표현해 보자.

- 모순 상태 0 : 만약 (A)재빨리 액정을 닫아 빛을 차단하면,
(B)_____ 하여 바람직하지만,
(C)화면이 전체적으로 어두워져서 바람직하지 않다.
- 모순 상태 1 : 만약 (-A)기존처럼 일반적인 속도로 액정을 닫아 빛을 차단하면,
(C)_____ 하여 바람직하지만,
(B)모션블러가 심각하여 바람직하지 않다.

최근에 출시된 배속 LCD 기술은 재빨리 액정을 닫아 빛을 차단하여 모션 블러를 줄이면서도 화면이 어두워지는 것을 방지할 수 있다. 그 원리는 기존에는 60Hz로 동작하던 것을 두 배로 올린 120Hz로 동작하게 하는 것이나

방송국에서 송출하는 화상은 60Hz인데 120Hz는 또 무슨 말인가?

기존의 텔레비전은 방송국에서 받는 60Hz 화면을 그대로 보여 주었는데 배속 LCD는 없던 화면을 만들어 중간에 끼워 넣는다는 것이다. 방송국에서 오는 화면을 바로 뿌려주지 않고 짧은 시간 동안 저장하고 있다가 다음번 프레임의 화면이 오면 저장된 화면과의 사이에 보상 화면을 인위적으로 만든다. 보상 화면은 움직임의 방향을 참조하여 만든다. 그 저장된 화면을 빠른 속도로 뿌려주고 빛을 차단한 후 다음 보상 화면을 빠른 속도로 뿌려주고 빛을 차단하고 다음번 화면을 뿌려주는 식이다.

이 방식도 문제는 있다. 동작 원리에서 눈치 챌 수 있듯이 이 방식을 쓰면 원래 송출되는 방송보다 아주 약간 늦은 속도로 방송을 시청하게 된다. 텔레

모션 블러가 있으면 화면이 뭉개지고 울렁증이 생긴다.

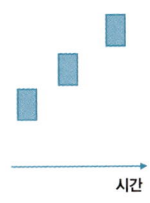
기존 방식 : 액정을 여닫는 속도가 느려 모션 블러가 발생하나 밝다.

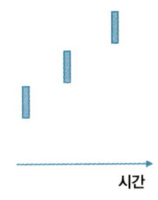
만약 액정을 닫는다면, 모션 블러는 없어지나 어두워진다.

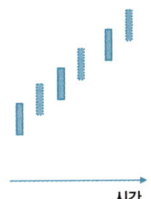
화면보간법을 활용, 모션 블러를 잡으면서도 화면을 밝게 유지할 수 있다.

모션 블러 관련 기술

비전이라면 거의 문제가 안 되지만 게임처럼 실시간 상호작용이 중요한 곳에서는 문제가 될 수도 있다. 이 문제 역시 다른 발명의 원리를 통해 점차 극복되고 있다.

'원리 09, 10, 11'은 모두 시간이나 절차와 관련성이 있는 원리들로, 시간별로 각종 요소나 절차, 동작 원리 등을 유효적절하게 배치할 것을 상기시킨다.

유해한 작용이 늘 발생할 수밖에 없는 상황에서 그러한 유해한 작용을 미리 반대의 힘으로 중화시킬 수 있는 방안을 시스템에 장치하는 것이 '원리 09. 선행 항력'이라면 '원리 10. 예비 조치'는 요구되는 작용의 일부를 필요한 시간 전에 해 두어서 더 긍정적인 효과를 거두는 것을 의미한다. '원리 11. 보상 준비'는 유해한 작용이 항상 일어나는 것은 아니지만 그 영향이 치명적일 때를 대비하여 보상책을 마련해 두는 것이다.

〉〉 원리 길라잡이 11. [보상 준비]

유익한 기능_____을 신규 도입/수행/유지/향상시키고,

유해한 영향_____을 제거하기 위해

관심 시스템/대상_____에 포함된

◆ 해당 악영향을 사후에 보상할 요소/물질/모듈을 준비한다면?
◆ 해당 악영향을 사후에 보상할 에너지/장을 미리 준비한다면?
◆ 해당 악영향을 사후에 보상할 절차를 미리 준비한다면?

새롭게 만들어진 나의 아이디어

원리 12. 수준 일치
차이를 줄인다면?

　반 고흐의 생애를 잘 아는 사람이라면, 고흐가 그림을 그리던 시기에는 아무도 그의 그림을 알아주지 않았다는 것을 알 것이다. 반 고흐의 그림이 유명해진 것은 그가 사망한 후였다. 왜 생전에는 그의 그림이 사람들에게 알려지지 않았을까? 그림이 형편없어서? 그림이 너무 비싸서? 이 질문에 많은 사람이 대답한다. "그가 시대를 너무 앞서 나갔기 때문이다."라고.
　'획기적인 아이템인 것 같은데 왜 안 팔리는 거지?' 이런 생각을 하고 있다면 고객과의 시선이 어긋나진 않았는지 확인해 보라. 고객의 습관에 의한 수준은 당신이 생각한 아이템과 맞지 않을 수도 있다. 당신의 아이템과 고객의 습관 사이에 징검다리를 놓아둘 필요가 있는 것이다.
　겐리히 알트슐러의 초기 서적이나 고전 트리즈 서적 등에서는 이 원리에 '높이 맞추기(equipotentiality)'라는 이름을 붙였고, 들었다 내렸다 하지 말고 그냥 작업을 진행할 수 있도록 조건을 맞추라는 설명을 붙여 놓았다. 카센터에서 차를 들어 올리는 대신 땅속에 굴을 파서 '차를 올리거나 내리지 말고' 그냥 작업을 진행하라는 코믹한 사례로 본 원리의 의미를 설명했다. 자연히, '아하, 높이를 맞추라는 말이구나. 좀 더 발전시키면 들쭉날쭉하게 만들지 말고 밋밋하게 만들라는 의미구나.' 하고 이해하면 된다.

이런 생각을 물질이나 물질의 성질로 확장하지 말라는 법은 없다. 장에만 국한시키지 말고 물질에까지 이 원리를 확장한다면, 어떤 두 성분 간의 차이가 너무 커서 도저히 함께 할 수 없다면, 그러한 차이를 줄일 수 있는 방법을 도입하여야 한다는 의미로도 활용할 수 있다. '높이 맞추기'의 궁극적인 깃은 '고객과의 눈높이'를 맞추는 것이다. 원리의 이해도가 이 정도까지 되면 모든 상황의 문제에 원리를 적용할 수 있을 것이다.

거대한 종을 쉽게 옮기는 방법

높이 3.75m, 직경 2.27m, 무게 약 25톤에 달하는 선덕대왕신종(에밀레종). 이와 같은 거대한 종을 안전하게 옮기려면 어떤 방법을 써야 할까? 그것도 트레일러 같은 현대적 장비가 없는 옛날이라면?

에밀레종보다 크기는 좀 작지만 10톤 가까운 종을 300km 이상 옮겨야 했던 대역사가 러시아에서 있었다. 트리즈 서적에 단골로 소개되는 이 이야기는 1834년 봄, 황제의 명령으로부터 시작된다. 운송수단이라고는 말과 마차밖에 없던 시절이었던 당시 사람들은 진흙탕을 통해 종을 300km나 옮겨야 한다는 황제의 명령에 '어떻게 옮길 것인가.'보다 '다치거나 죽을 것이다.'라는 걱정이 더 앞섰다.

그야말로 당시에는 기중기도 없었고 오늘날처럼 힘 좋은 트럭도 없는 상황이었다. 말이 종을 끌 수밖에 없는데, 종의 운송수단으로 마차는 너무 작고 약해서 쓸 수가 없었다. 크고 튼튼한 마차를 만든다면 밀이 마차와 종의 엄청난 무게를 감당할지도 의문이었다. 이 상황을 모순어법으로 표현하면 다음과 같다.

- 모순 상태 0 : 만약 (A)큰 마차를 이용하면,
(B)마차가 튼튼해져서 종의 무게를 버틸 수 있어 바람직하나,
(C)무게 때문에 말이 마차를 끌 수 없어 바람직하지 않다.
- 모순 상태 1 : 만약 (-A)작은 마차를 이용하면,
(C)마차의 무게가 가벼워져 마차를 끌 수는 있어서 바람직하나,
(B)마차가 종의 무게를 견디지 못해 바람직하지 않다.

사람들은 황제의 명령을 받들어 어떻게든 종을 운반해야 했다. 그때 누군가 제안했다.

"마차를 사용하는 방법 대신 종 자체를 굴리는 것이 어떻겠습니까?"

하지만 굴리는 방법은 '귀하신' 종을 다치게 할 뿐 아니라 위가 좁고 아래가 넓은 종의 모양 때문에 잘 굴러가지 않을 것 같았다. 다른 방법을 찾아야 했다. 한 사람이 제안했던 이 생각에서 좀 더 꾀를 냈다.

"높이를 맞춥시다! 위가 좁고 아래가 넓다면 위와 아래를 똑같게 만들면 되지 않겠습니까?"

사람들은 그의 말을 듣고 상상하기 시작했다. 그리고 한 사람씩 그의 말에 동의하기 시작했다. 그리고 종을 옆으로 뉘여서 말뚝을 이용해 원통형을 만들었다. 옆의 그림처럼 종의 모양에 존재하던 '높이' 혹은 '모양'을 차이가 없도록 동일하게 맞춘 것이다. 종에 있는 높이의 차이, 모양의 '차이'를 없앤 것이 그들의 커다란 고민거리를 해결해 주었다. 며칠 후, 말에 끌려 굴

거대한 종을 옮기려면 너무 크고 무거워서 마차를 튼튼하게 만들어야 하는데, 이 경우 마차의 무게가 무거워지는 단점이 발생한다.

종의 주변을 둘러싸서 높이의 차이를 없애면 종을 옮길 수 있다.

높이를 맞춘 종

러가는 종을 보고 사람들은 환호하기 시작했다.

기존 습관과의 차이를 줄였더니 대박!

필자는 어릴 때 양치질을 할 때마다 몇 가지 불편을 겪었다. 첫 번째는 치약 찌꺼기가 치약 입구 주변에 묻어 불쾌했다. 치약 찌꺼기가 입구에 묻으면 뚜껑이 잘 여닫히지도 않았다. 두 번째는 치약 뚜껑을 열려면 양손으로 몇 번을 돌려야 하기 때문에 칫솔을 손에 든 상태에서는 치약 뚜껑을 열기가 번거로웠다. 칫솔이나 치약이 대부분 화장실에 있는 점을 고려해 볼 때, 실수로 칫솔이나 치약 뚜껑을 떨어뜨려 변기에라도 들어간다면 정말 난감한 일이었다.

이런 사소한 불편에 눈을 기울인 회사가 있었다. 바로 IDEO라고 하는 디자인 회사였다. 치약과 같은 생활용품을 생산하는 P&G 사에서 의뢰한 치약 튜브 개발 프로젝트에서 그들은 이런 사소한 것에 신경을 집중했다. '치약 튜브의 개선 방향과 혁신의 방향은 무엇일까? 번거롭지 않게 마개를 여닫을 수 있다면 고객이 좋아할까? 설사 치약이 입구 주변에 묻더라도 여닫는 것을 최소한으로만 방해하면 되지 않을까?'

이런 생각을 거쳐 만들어진 디자인은 '돌려(회전) 열고 닫기'가 아니라 '뽑고 꽂는(직선)' 마개였다. 치약 뚜껑을 닫는데 굳이 나사 모양의 돌려 닫는 뚜껑을 사용할 이유는 없었기 때문이다. IDEO 사가 제안한 것은 눌러 닫기 식의 치약 뚜껑이었다. 이것은 그 이전에는 없던 것이었고, 편의성이 극적으로 향상되었기 때문에 자신만만하게 시제품을 만들어서 고객을 대상으로 시험을 했다. 그런데 시험 결과 의외의 사실을 발견하였다. 고객이 습관처럼 늘 하던 대로 치약 뚜껑을 돌렸던 것이다. 치약 뚜껑을 돌리는데 뚜껑이 헛돌 뿐 열리지 않자 어떤 고객은 당황했고, 어떤 고객은 화를 냈다. 기존의 마개를 돌려서 치약 뚜껑을 열던 습관이 몸에 젖어 있기에 어쩔 수 없는 일이었다. 이 상황을 모순어법으로 표현해 보자.

- 모순 상태 0 : 만약 (A 기존의 방식)뚜껑을 돌려 여는 식으로 만든다면,
(B)치약을 열고 닫는 것이 번거롭지 않아 바람직하나,
(C)_____ 기 때문에 바람직하지 않다.
- 모순 상태 1 : 만약 (-A 새로운 방식)뚜껑을 여닫는 식으로 만든다면,
(C)고객이 기존의 방식과 동일하기 때문에 혼동하지 않아 바람직하나,
(B)_____ 기 때문에 바람직하지 않다.

    기대했던 고객의 행동과 기존의 행동 양식에 길들여져 있는 실제 고객의 행동 양식은 달랐다. IDEO 사는 이 '사소한 차이'를 간과하지 않았고, 고객과의 눈높이 차이를 줄이는 방향으로 디자인을 '사소하게' 변경했다. 1) 굳이 돌리지 않아도 열리고-개발자의 원래 개념, 2) 한번만 돌려도 열리는 마개-고객의 행동 양식에 부합하는 개념을 동시에 구현한 것이다. 돌려도 열리고 돌리지 않아도 열린다는 개념은 이렇게 해서 탄생했다.
    이처럼 고객이 가진 개념과 개발자가 제안하는 개념과의 '차이'라는 것에 주목하여 그것을 없애는 활동이 고객에게 뿌리내릴 수 있게 하는 중요한 포인트다. 만약 디자인 개발자가 원래 의도만 고집했다면 어떻게 되었을까? 아마 고객은 개발자의 눈높이를 맞추는 데 수월하지 않아 혁신의 시점은 오히려 뒤로 밀렸을 것이다.
    다음에 나와 있는 갈라잡이를 활용하여 수준 일치의 발상을 전개해 보자.

〉〉 원리 길라잡이 12. [수준 일치]

유익한 기능_____을 신규 도입/수행/유지/향상시키고,

유해한 영향_____을 제거하기 위해

관심 시스템/대상_____에 포함된

◆ 해당 요소/물질/모듈을 들어 올리거나 내릴 필요가 없도록 작업 조건을 바꾸거나 에너지/장의 작용 조건 내에서 위치 변화/차이를 없앤다면?

◆ 해당 시스템의 성능/기능이 상위 시스템의 조건과 너무 차이가 크다면 차이를 줄이거나 수용한다면?

◆ 해당 요소/물질/에너지와 다른 시스템, 대상, 요소 간의 물성치의 차이를 없앤다면?

◆ 시스템과 환경 사이의 물성의 차이를 없앤다면?

◆ 해당 요소/물질/모듈을 들어 올리거나 내릴 필요가 없도록 환경의 변화나 차이를 없앤다면?

◆ 해당 작업 요소들을 움직일 필요가 없도록 절차나 조건을 바꾼다면?

◆ 해당 작업 요소들을 움직일 필요가 없도록 환경을 바꾼다면?

◆ 해당 절차나 작업 방식이 기존의 절차나 작업 방식과 너무 차이가 크다면, 차이를 없애거나 차이가 없는 것을 함께 수용한다면?

새롭게 만들어진 나의 아이디어 :

원리 13. 역발상
청개구리처럼 반대로 간다면?

"뚜껑이 거꾸로 밑에 달려 있잖아?"

마트에서 장을 보다가 친구가 뭔가 새로운 것을 발견하고 혼잣말을 했다. 그 말을 듣고 궁금해진 필자는 친구가 들고 있는 물건을 보았다. 화장품이었는데 뚜껑이 아래에 있었다. 화장품을 거의 다 썼을 때 안에 남은 것을 다 쓰려고 애를 쓰던 내 모습이 떠올랐다. 지금은 보편화되어서 새로울 것이 없지만 처음 마주했을 때는 '이거 아이디어 좋은데?'라고 생각한 물건이었다.

필자가 마주했던 화장품처럼 새로운 생각을 해야 할 때 이 청개구리 정신은 최고의 효자로 돌변한다. 무엇이든 거꾸로/뒤집고/반대로/역으로 해 보는 역발상은 백지 상태에서 완전히 새로운 무언가를 만들어내는 것이 아닌 만큼 누구나 할 수 있고 가장 자주 언급되는 창의성 방법론인 반면 또 가장 하기 어려운 것이기도 하다. 남들이 하지 않는 것을 생각해 내는 것이나 역발상의 포인트를 찾아내는 것이 쉬운 일은 아니기 때문이다.

하지만 늘 문제의식을 가지고 주변의 모든 것을 의도적으로 뒤집어서 바라보고, 남들과 똑같은 현상을 보더라도 다양한 관점에서 보고, 특히 기존의 관점에서 벗어나려고 노력한다면 누구나 청개구리가 될 수 있다.

다음 사례는 청개구리 근성으로 역발상한 이야기이다.

물통에 꼭 물을 채워서 뒤집어야 한다고? 그냥 넣으면 어때?

'크기가 작아서 물을 보충하기가 아주 번거롭겠는데?'

필자는 미용실 구석에 놓인 가습기를 보고 있었다. 이 가습기는 일반적인 가습기처럼 둥그런 물탱크 모양으로 생긴 것이 아니라 마치 슬림형 데스크톱 컴퓨터를 세워둔 것처럼 생겼다. 그런데 좀 작아 보이는 것이 마음에 걸렸던 것이다.

가습기에 물을 보충하려면 일단 물통을 빼내 흐르는 물로 잘 헹군 후 물을 채워 물통의 주둥이를 거꾸로 꽂아야 한다. 물통을 들고 이리 갔다 저리 갔다 해야 해서 방바닥에 물을 흘리기 일쑤이다. 주부의 입장에서 물통에 물을 받아 '사악' 닦아서 방으로 들고 오려면 가습기는 귀찮은 물건인 애물단지가 되고 만다. 물통이 작으면 자주 물통을 들고 날라야 하고, 물통이 크면 큰 대로 무거워서 힘이 든다.

이 상황을 모순어법으로 표현해 보자.

- 모순 상태 0 : 만약 (A)_____한다면,
(B)들고 나르기에 가벼워 바람직하나,
(C)_____하여 바람직하지 않다.
- 모순 상태 1 : 만약 (−A) 물통이 크다면,
(C)자주 물통을 교환해 주는 번거로움이 없어 바람직하나,
(B)_____하여 바람직하지 않다.

이런 생각을 하고 있을 무렵 보조 미용사가 주전자를 들고 가습기가 있는 쪽으로 갔다. 그러더니 주전자 주둥이를 가습기의 상단에 대는 것이 아닌가.

미용사는 번거롭게 물통을 빼고 다시 채워 넣는 것이 아니라 주전자의 물을 그냥 가습기에 붓고 있었다.

'왜 아무도 이제까지 이런 생각을 안 했던 걸까?'

그날 내 머릿속에는 온통 이 생각밖에 없었다.

집에 와서 상단 급수하는 가습기가 있나 찾아보았다. 2007년 겨울 현재 두 가지 모델이 있었다. 하나는 웅진 제품이었고, 하나는 삼성 노비타 제품이었다. 두 회사 모두 공통점이 있었다. 비데를 만드는 회사라는 것. 웅진도 삼성도 비슷한 스펙의 저가형 모델과 비교해서 두 배 이상의 가격으로 상단 급수형 가습기를 판매하고 있다. 2007년 11월 현재 인터넷 쇼핑몰인 G마켓에서 판매되는 상부 물 공급 방식의 가습기 두 종의 가격은 동일 회사의 일반 가습기의 동일 매장 판매가 대비 두세 배의 가격이었다.

이 가습기는 전통적인 가습기의 급수부 위치를 상단으로 바꾼 것이 가장 큰 변화였고, 사실 유일하게 의미있는 변화였다. 그런데 그 유일한 변화가 그렇고 그런 가습기 시장에서는 참으로 매력적인 변화였다. 보통 가습기

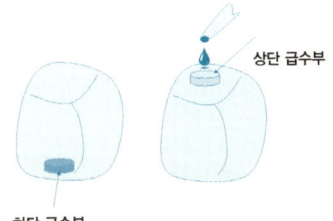

가습기 급수구의 위치만 바꾸었는데도, 더 높은 가격에 판매되고 있다.

에서 중요하다고 생각하는 것은 얼마나 빨리 가습이 시작되느냐, 미생물이 번식하느냐, 전기료는 얼마나 드느냐, 안전한 것이냐, 물방울이 얼마나 미세하냐 등등이다. 그런데 누구도 생각하지 못했던, 물 보충을 위한 번거로움을 해결해 주겠다는 모델이 나온 것이다. 급수구의 위치를 아래에서 위로 바꾸었을 뿐인데 세 배의 가격을 주고도 구매하는 사람들이 많았다. 거꾸로 해보라는 건 이런 걸 두고 하는 말이다.

포인트 먼저 쓰세요

신용카드를 사용하면 일정한 실적당 포인트나 마일리지를 부여한다. 포인트나 마일리지는 나중에 현금이나 쿠폰처럼 쓸 수 있다. 그런데 모 카드 회사에서 포인트를 먼저 쓰라고 한다. 신차 구입할 때 수십만 원의 포인트를 현금처럼 먼저 쓰면 된다. 그럼 써 버린 포인트는 어떻게 되는가? 쉽다. 신용카드를 사용한 실적으로 먼저 쓴 포인트를 갚아 나가면 된다.

몇 년 전 차량 구입과 포인트 선할부로 히트를 쳤던 모 카드 회사의 금융 서비스이다. 카드 실적이 있은 후에 포인트가 쌓이는 것이 당연하던 시절, 그것을 거꾸로 한 발상은 정말 대담하기 짝이 없었다.

그 당시에는 선포인트 제도가 다른 카드사에서 시행하지 않았고, 고가의 제품을 구매할 때 선포인트 제도를 활용하게 해 주는 것도 다른 카드사에서 시도하지 않았던 서비스였다. 그러나 이제는 시행하지 않는 카드사를 찾기가 어려울 지경이다.

처음에는 몰상식해 보였던 것이 이제는 상식이 되었다. 이미 쓴 포인트를 되갚기 위해 고객이 카드를 많이 사용해서 얼마나 실적이 늘었을지는 상상에 맡기겠다.

다 아는 노래로 만든 새로운 뮤지컬

1990년대 초반, 뉴욕과 런던의 뮤지컬 무대는 「캣츠(Cats)」와 「미스사이공(Miss Saigon)」 등의 뒤를 이을 새로운 레퍼토리를 찾느라 고민하고 있었다. 이때 이제까지 듣고 보지 못했던 새로운 뮤지컬 「맘마미아!」가 1999년 4

월 6일 런던에서 대박을 터뜨렸다. 박스 오피스 기록을 연일 갱신하면서 입석도 전석이 매진되어 버렸다.「맘마미아!」는 아직도 런던, 뉴욕 심지어 서울에서도 꾸준히 사랑받고 있는 살아 있는 뮤지컬이다. 초연 이래 전 세계적으로 1조 4,000억 원의 흥행 수입을 올렸으며 뮤지컬뿐 아니라 영화로도 제작되어 많은 사람의 사랑을 받는「맘마미아!」.「맘마미아!」야말로 '거꾸로 하기'의 정수를 보여준다.

왜 이렇게 전 세계 사람들이「맘마미아!」에 열광할까? 평범한 소시민 팬의 다음 소감이 어느 정도 해답을 제시해 줄 것 같다.

'뮤지컬, 오페라는 음악을 바탕으로 하는 무대예술이다. 일반인은 거기 나오는 모든 노래를 다 알기는 어렵다. 생소한 멜로디 라인의 노래. 좋아하는 사람은 좋아하겠지만, 나 같은 일반인에게는 좀……. 그런데「맘마미아!」에 나오는 노래는 거의 대부분이 다 아는 노래다. 스토리 라인에 맞춰 노래를 만든 게 아니라 다 아는 노래에 잘 결합되는 스토리를 다시 짜 넣었다. 아바의 노래를 듣는 것만으로(뮤지컬 가수들이 부르기는 하지만) 친근한 그때 그 시절이 생각나 기분이 좋아진다. 익숙한 멜로디는 마음을 편하게 하고, 스토리에 몰입할 수 있도록 도와준다.'

무엇이든 아는 만큼 보이고 들린다. 또 아는 만큼 편해진다. 알지 못하는 특이한 음악을 두 시간 가까이 들으며 앉아 있어야 하는 것이 고역이란 것을「맘마미아!」의 프로듀서인 주디 크레이머(Judy Craymer)는 참으로 잘 잡아냈던 것이다. 모두가 아는 편안한 음악의 모음집에 새로운 스토리 라인을 부여한 것은 기존의 뮤지컬 기획의 정반대의 길이었으나, 남들이 가지 않았던 그 방향에 대박이 있었다.

파일을 여는 법

워드 파일을 보려면 먼저 워드 응용 프로그램을 시작해야 한다. 요즘도 그런 줄 아는 사람이 있을까? 지금은 아니다.

그러나 초기의 컴퓨터는 프로그램을 구동하고 난 후 해당 프로그램으로 작성한 파일만을 열람할 수 있었다. IT 업계의 사람들이 백만 년 전의 일이라고 하는 일이 바로 이런 일이다. 최근에는 작성한 파일을 열면서 동시에 해당 파일을 작성하거나 열람할 수 있는 프로그램이 구동되는 것을 당연시 여긴다. 물론 프로그램을 구동한 후에야 파일을 여는 필자 같은 유저들도 존재한다.

하지만 이런 방식도 그 역의 방식도 죄가 아니다. 단지, 프로그램 구동 후에야 파일을 여는 분들은 좀 옛날 분이구나 하는 느낌이 드는 정도이다. 이런 콘셉트가 최초로 나온 것은 1980년대 초반 제록스 팔로알토 연구소의 UI 연구에서였고, 상업적인 구현은 맥에서 1984년 최초로 구현했다고 한다.

'역발상'이란 이런 사소한 것을 말한다.

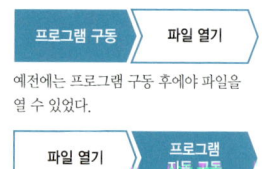

예전에는 프로그램 구동 후에야 파일을 열 수 있었다.

이제는 파일을 열면 프로그램이 자동 구동된다. 물론 프로그램부터 구동하고 파일을 열어도 된다.

파일을 여는 법

생각이 막힐 때마다 우린 버릇처럼 말한다. 역발상을 해 보면 어떨까? 하지만 역발상이 말처럼 쉽지만은 않다. 따라서 조목조목 구체적으로 역발상을 유도하는 스킬에 익숙해져야 한다.

다음에 나와 있는 예처럼 생각해 보자.

어떤 시스템을 사용할 때 발생하는 여러 가지 문제점을 제거하는 대신, 그것을 오히려 장점으로 바꿀 수는 없을까? 우리가 주목하고 있는 대상의 '역대상'이라고 할 만한 것을 다뤄 보면 어떨까?

모두 끓이는 것만 생각할 때 얼려 보면 어떨까? 모두가 이동을 생각할 때 오히려 멈춰 보면 어떨까? 절차를 거꾸로 한다면 어떨까? 안팎을 바꾸면 어떨까? 먼저 하는 것을 나중에 하도록 하면 어떨까? 따로따로 해야 했던 것을 한데 모으면 어떨까? 비싸고 다양한 기능을 가진 제품을 단순한 기능만 가지게 하고 싸게 판다면 어떨까? 제품을 흔들어 보면 어떨까? 두루두루 쓰던 것을 한 가지 용도로만 쓴다면 어떨까? 한 가지 고객군에게만 팔던 것을 여러 범주의 고객에게 판다면 어떨까? 등등 말이다.

다음에 나와 있는 길라잡이에 따라 다양한 역발상을 지금 시작해 보자.

≫ 원리 길라잡이 13. [역발상]

유익한 기능_____을 신규 도입/수행/유지/향상시키고,

유해한 영향_____을 제거하기 위해

관심 시스템/대상_____에 포함된

◆ 해당 요소/물질/외부 환경에서 이동 가능한 부분을 고정시키고 고정 부분을 이동시킨다면?
◆ 해당 요소/물질/외부 환경에서 아래위를 뒤집는다면?
◆ 해당 요소/물질/외부 환경에서 안팎을 바꾼다면?
◆ 해당 요소/물질/외부 환경에서 컸던 것은 작게 하고, 작았던 것은 크게 한다면?
◆ 해당 요소/물질/외부 환경에서 있어야 한다고 생각했던 물질/모듈을 없앤다면?
◆ 해당 요소/물질/외부 환경에서 없어야 한다고 생각했던 물질/모듈을 도입한다면?
◆ 있어야 한다고 생각했던 해당 절차를 없앤다면?
◆ 없어야 한다고 생각했던 절차를 도입한다면?
◆ 해당 절차의 진행 순서를 역으로 한다면?
◆ 해당 절차를 수행했던 공간/시간/조건에는 절차를 수행하지 않는다면?
◆ 해당 절차를 수행하지 않았던 공간/시간/조건에는 절차를 수행한다면?

◆ 있어야 한다고 생각했던 해당 에너지/장을 없앤다면?
◆ 없어야 한다고 생각했던 에너지/장을 도입한다면?
◆ 해당 에너지/장이 가해졌던 공간/시간/조건에는 가하지 않는다면?
◆ 해당 에너지/장이 가해지지 않은 공간/시간/조건에 장을 가한다면?
◆ 해당 에너지/장을 가하는 공간적인 방향을 거꾸로 한다면? (예: 위로 가했다면 아래로)
◆ 해당 에너지/장을 가하는 시간적인 방향을 거꾸로 한다면? (예: 점점 강하게 가했다면 점점 약하게)
◆ 해당 에너지/장에 대해 역방향의 장을 가한다면? (예: 가열했다면 냉각한다)

새롭게 만들어진 나의 아이디어 :

원리 14. 곡선화
굽혀라,
그럼 좋은 일이 생길 것이다

뱀을 닮은 로봇을 본 적이 있는가? 일본의 도쿄공업대학에서 뱀의 모양을 한 특이한 로봇을 개발하여 실용화를 앞두고 있다. 뱀의 형태는 물론 이동하는 모습까지 닮았다. 머리에 카메라를 장착한 이 로봇은 원격조종으로 움직인다.

뱀 로봇의 임무는 지진 발생 시 구조대원들이 들어가지 못하는 곳으로 가 희생자를 찾아내는 것이다. 연구팀은 뱀의 몸이 수백 개의 뼈와 관절로 이루어졌다는 사실에 주목했다. 부드러운 곡선운동이 가능한 것도 그 때문이다. 그래서 로봇이 유연하게 움직일 수 있도록 판질노터를 날았다. 상하좌우로 촘촘하게 맞물려 있는 바퀴 덕분에 어떤 지형에서도 원활하게 움직일 수 있다. 물속에서도 자유자재로 움직일 수 있는 뱀 로봇도 있다. 수중탐사에 사용될 계획이라고 한다. 뱀 로봇의 활용 분야는 무궁무진할 것으로 기대된다. KBS 과학카페(2008) 「뱀의 재발견」이라는 프로그램에서 다룬 이 내용은 곡선의 효용성을 말해 준다.

이 원리는 작용의 방향이나 절차, 이동의 방향 등을 굽혀 보라는 의미다. 또한 대상이나 시스템 전체의 형상/구조, 표면의 형상/구조, 물질의 형상/구조에 대해서도 '구부린 것', '올록볼록한 것'을 적용해 보라는 의미이다.

어떤 대상이 직선이라면 구부려 보자. 어떤 대상이 평면이라면 구부려 보자. 어떤 대상이 각을 가진 입방체라면 구형으로 만들어 보자. 롤러나 볼, 나선형, 모든 구부러진 형상을 도입해 보자. 효소는 형상을 이용해 피아를 구분한다. 대상도 마찬가지로 형상을 이용해 피아를 구분하거나 기능을 수행하거나 기타 악영향을 줄여볼 수 있는지 생각해 보자. 어떤 운동이 단순 직선 왕복운동이라면 회전운동으로 바꿔 보자. 기계적인 왕복 작용이라면 원심력을 대신 활용해 보자.

적용할 대상별로 이 원리의 적용 방식은 다르게 나타난다. 사례를 통해 이 원리의 숨은 의미를 좀 더 상세히 살펴보도록 하자.

투명한 불소수지의 꿈

"그래! 답은 뱀이었어."

원자들이 여기저기 깡충깡충 뛰어 다니며 긴 열을 만든다. 긴 열이 된 원자가 뱀처럼 자신의 꼬리를 물고 휘감기며 빙글빙글 돈다.

하늘의 계시였을까? 독일의 유기 화학자 케쿨레는 벤젠이라고 불리는 화합물이 결합되는 분자구조에 대해 고민을 거듭하던 중 위의 이야기처럼 꿈을 통해 우연히 아이디어를 발견한다. 뱀과 원자. 케쿨레는 자신이 연구하던 벤젠의 분자식에서 아무리 생각해도 풀리지 않던 문제가 일순간에 풀리기 시작한다.

당시에는 이전의 직선형 분자구조에 대해서만 생각했기 때문에 원형 분자구조에 대해서는 생각조차 하지 못했던 상황이었다. 그런데 뱀이 꼬리를 문 형태의 같은 모형으로 분자식을 도출했더니 그가 원하던 분자식이 딱 맞게 완성된 것이다.

전자 4개를 가진 탄소는 전자 하나를 가진 수소 4개와 단일결합을 이룬다. 그런데 벤젠에서는 탄소와 수소가 모두 6개씩 들어 있어 기존의 사슬형 분자구조와 맞지 않았던 것이다. 케쿨레는 이 문제를 꼬리를 물고 무는 뱀의 모습으로 풀었다. 6개의 탄소 한

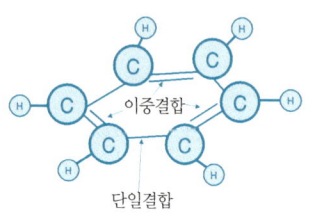

단일결합과 이중결합으로 이루어진 벤젠의 고리 구조

쪽은 이중결합, 다른 한쪽은 단일결합을 이용해 마치 강강수월래를 하듯 탄소와 손을 맞잡은 고리 구조의 결합을 시도했다. 남은 하나의 전자로 수소와 단일결합을 함으로써 사슬형 구조로는 맞지 않았던 탄소와 수소의 수를 들어맞게 했다.

케쿨레의 이 이론은 그때까지 화학자들이 설명할 수 없었던 다른 연구에 대해서도 합리적으로 설명할 수 있는 계기를 만들었다. 그리고 이 발견 덕분에 지금부터 우리가 알아볼 투명한 불소수지를 향한 꿈이 이루어진 사례처럼 다른 물질을 만들거나 합성할 수 있게 되었다.

유리는 광학재료로 우수한 성질을 가지고 있어 여러 가지 산업 분야에서 사용된다. 하지만 최근 모바일 기기나 대형 전자기기 등으로 응용 분야가 확대됨에 따라 요구되는 성능도 다양해지고 있다. 전통적인 유리만으로는 대응할 수 없게 된 것이다. 이런 유리의 한계를 보완하는 재료로 고분자 수지가 주목받고 있다. 광학재료에 일반적으로 요구되는 특성은 다음과 같다.

- 광학 특성 : 투명성이 높을 것, 굴절률이 클 것, 분산성이 낮을 것, 복굴절률이 낮을 것
- 기계적 특성 : 가공성이 용이할 것, 충격강도가 높을 것, 내마모성이 높을 것

●기초 물성 : 흡수성이 낮을 것, 내열성이 높을 것, 적당한 강도 특성을 가질 것

그러나 유리가 이와 같은 특성을 모두 만족시키기는 어렵다. 특히 충격에 약하고 성형 가공성이 떨어지는 등의 결점이 있다. 한편 고분자 수지는 유리가 가지고 있지 않은 다음과 같은 우수한 물성을 가지고 있다.

- ●내충격성이 높다
- ●성형 가공성이 양호하다
- ●가볍다
- ●착색이 용이하다
- ●가격이 저렴하다

고분자에 불소가 들어 있는 불소수지는 절연성이 우수하고 화학약품에 안정하다. 불소수지는 일반적으로 백색 불투명이며, 굴절률과 흡광성이 낮아 광학용도로는 적합하지 않다고 알려져 있다. 통상적인 불소수지는 높은 열 안정성과 다른 물질이 잘 붙지 않는 성질 덕분에 프라이팬 코팅재나 산업용 코팅재로 사랑을 받고 있다.

만약 불소수지처럼 우수한 내약품성, 소수성, 낮은 유전율을 가진 우수한 물질이 투명도까지 가지고 있다면 절연재나 위험한 물질을 사용하는 분야에서 극히 활용도가 높아질 수 있다. 그러나 투명한 불소수지란 고분자 개발자들에게는 다다를 수 없는 꿈이었다.

그런데 1988년 아사히 초자가 세계 최초로 투명성 불소수지 사이톱(CYTOP™)을 개발했다. 꿈을 이룬 것이다. 어떻게 꿈을 이룰 수 있었을까? 해답은 폴리카보네이트(PC)에 숨어 있었다.

폴리카보네이트는 범용으로 쓰이는 플라스틱 중에서 유일한 투명수지(비결정수지)로 다음과 같은 분자 구조식을 갖고 있다.

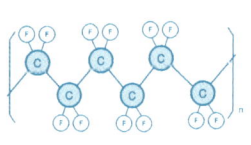
테플론 분자 구조식

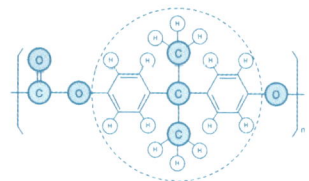
폴리카보네이트 분자 구조식

폴리카보네이트의 뛰어난 투명도는 특수한 구조 때문인데, 아주 부피가 큰 주쇄의 입체적 구조 때문에 결정을 만들기가 매우 어렵다. 테플론을 비롯한 많은 고분자 재료의 불투명도는 결정이 빛을 심하게 산란시키고 전혀 통과시키지 않기 때문에 불투명한 반면, 폴리카보네이트는 결정화도가 극히 낮은 것이다.

이것은 주쇄에 부피가 큰 고리상 구조를 가지고 있다는 특징 때문에 가능한 것이었다. 벤젠의 예에서 보여준 고리 구조는 결정을 만들기 어렵게 하는 특징이 있다. 폴리카보네이트는 이 부피가 큰 고리 모양의 주쇄에 의해 결정을 만들기 어렵게 되는 것이다.

아이디어는 이렇게 나왔다. '불소수지에 결정화를 막을 수 있도록 덩지가 큰 고리 모양의 구조를 도입하면 어떨까? 원형의 고리 구조를 만들어 주면 결정화를 방해해서 불투명한 불소수지를 투명하게 만들 수 있지 않을까?' 하는 생각이 결국 투명한 불소수지를 만든 것이다.

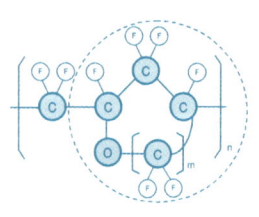
사이톱 분자 구조식

1989년 듀퐁도 테플론 AF라는 투명성 불소수지를 개발했는데, 아사히 초자의 사이톱과 구조는 다르지만 주쇄에 원형의 고리가 있다는 점은 동일하다. 고분자 화학자의 입장으로는 전혀 닮은 데가 없어 보이는 이 두 가지 고분자가 '투명하다.'라는 점에서, 그리고 그 투명한 이유가 닮은 것이다.

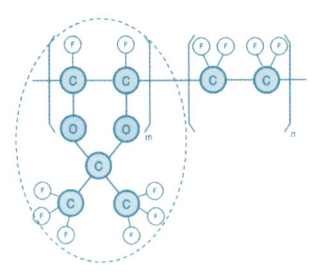

테플론 AF 분자 구조식

이처럼 곡선화, 원형화, 구형화의 원리는 과학과 기술 전반부에서 널리 사용되는 원리이다. 평소에 조금 더 넓은 시각을 다듬어 둔다면, 물질 설계에서도 다른 분야의 아이디어들을 역전의 힌트로 사용하기가 쉬울 것이다.

어떤 대상이 직선이라면 구부려 보자. 어떤 대상이 평면이라면 구부려 보자. 어떤 대상이 각을 가진 입방체라면 구형으로 만들어 보자. 어떤 운동이 단순 직선 왕복운동이라면 회전운동으로 바꿔 보자. 적용할 대상별로 적용 방식은 다르게 나타난다.

〉〉 원리 길라잡이 14. [곡선화]

유익한 기능_____을 신규 도입/수행/유지/향상시키고,

유해한 영향_____을 제거하기 위해

관심 시스템/대상_____에 포함된

◆ 해당 요소/물질의 형상이 직선이라면 곡선으로 만든다면?

◆ 해당 요소/물질의 형상이 곡선이라면 곡률이나 요철을 더욱 증가시킨다면?

◆ 해당 요소/물질의 형상을 평면에서 곡면으로 만든다면?

◆ 해당 요소/물질의 형상이 곡면이라면 더욱 요철을 증가시킨다면?

◆ 입방체를 구체로 바꾼다면?

◆ 각이 진 요소 대신 롤러, 볼, 나선형 요소를 이용한다면?

◆ 해당 작용 방향을 직선운동에서 회전운동으로 바꾼다면?

◆ 해당되는 선형적인 병진/왕복운동 대신 원심력을 활용한다면?

◆ 긴 일련의 해당 절차를 순환 루프 형태로 만든다면?

새롭게 만들어진 나의 아이디어 :

원리 15. 역동화
움직이지 않는 것을 움직이게 해 볼까?

"그건 그냥 놔두고 쓰는 거 아니야?"

'움직이지 않았던 것을 움직이도록 해 볼까.' 하는 생각은 정말로 어려운 발상이다. '일단 움직여 볼까.'라는 생각을 하고 나면, 그것을 위한 여러 가지 생각이 꼬리에 꼬리를 물고 나갈 수 있는데, '그건 당연히 놔두고 쓰는 거 아니야?' 하는 생각 때문에 다른 생각들이 모두 죽어 버린다.

등산 가방만큼 커서 건장한 군인이 아니면 감히 들고 다닐 수 없던 전화기가 아가씨의 핸드백 속이나 청년의 바지 뒷주머니에서 '쏘옥' 하고 빠져 나오고, 필요할 때면 언제나 윈도에 띄우는 각종 프로그램의 창들, 그러다 필요가 없어지면 언제나 끄는 그 창들, 그 이전에는 움직이지 못했던 거의 모든 것이 언제 어디에나 존재하거나, 마음대로 들고 다닐 수 있는 세상이 되었다.

역동화는 많은 것과 함께 간다. 무거운 것을 마음대로 움직일 수 없으니 시스템은 가볍고 작아진다. 휴대나 수납 보관할 때는 작아야 하지만 사용할 때는 사용자나 사용 환경에 적합한 차원(dimension)을 갖춰야 하니 가변성이 필요하고, 가변성이 원래 있었다면 그것을 더욱 용이하게 하는 가변 용이성도 함께 가져야 한다. 시스템의 물적인 특성뿐 아니라 시스템을 동작시키는 장이라 불리는 에너지 역시 보다 다루기 쉬운 것으로 변화한다. 곡식을 분쇄할 때 사용하는 맷돌이 수력을 이용한 물레방아로, 전기를 이용한 오늘날의 믹서기에 이르기까지 힘의 크기와 방향은 자유자재로 변해 왔다. 이것 역시 역동화의 또 다른 측면이다.

어떤 사물이 고정되어 있다면 '움직여 볼까.' 하는 생각을 우선적으로 해 보자. 사물뿐 아니라 환경의 특성을 '적당히' 변화시켜 최상의 성능이 나올 수 있도록 상상해 보자. 그리고 좀 더 용이하게 역동화시킬 또 다른 생각을 계속해 보자.

아직도 액자를 열어 사진을 갈아 끼운다고?

결혼한 신혼부부가 다양한 크기의 웨딩 사진을 액자에 끼워 집안 곳곳에 걸어 놓았다. 그런데 시간이 지나면서, 볼 때마다 웃음을 지었던 웨딩 사진들이 이제 슬슬 지겨워진다. '다른 사진으로 교체해야겠다.'는 생각은 하지만 웨딩 앨범을 꺼내 새로운 사진을 고르고 액자 뒤를 열어 하나씩 끼워 넣는 일이 귀찮기만 하다. 결국 이번에도 '피곤한데 그냥 다음에 바꾸지 뭐.' 하며 쉽게 포기한다.

하지만 이제 귀찮다는 생각을 할 필요가 없게 되었다. 2006년 2월, 삼성전자에서 여러 개의 사진을 자유롭게 변환하여 감상할 수 있는 디지털 액자(모델명 SPL-07)를 출시했기 때문이다. 이 액자는 마치 컴퓨터에 있는 스크린세이버와 같이 저장해 둔 사진이 정해진 주기대로 계속 바뀐다. 과거의 액자에서 '역동성'이 증가한 시스템이 탄생한 것이다.

디지털 카메라 등으로 찍은 사진을 디지털 액자의 메모리에 저장해서 화면에 내보내는 방식으로 동작하고 슬라이드 쇼로도 감상할 수 있다. 여기에 기존 액자로는 불가능했던 음악·동영상 파일도 재생이 가능하고, 네트워크를 통해 액자 사진을 전송할 수도 있다. 그 외에도 여러 가지 탁상용 부가 기능을 활용할 수 있다고 한다.

고전적인 앨범이나 액자들이 아주 사라지지는 않을지라도 이미 디지털 코드라는 형태로 자리를 잡은 사진의 현재와 미래에서는 디지털 파일을 역동적으로 재생하는 앨범이 더 잘 어울린다.

어떤 사물이 고정되어 있다면 '움직여 볼까?' 하는 생각을 우선 해 보자. 사물뿐 아니라 환경의 특성을 '적당히' 변화시켜서 단계별로 최상의 성능이 나올 수 있도록 해 보자.

부채의 바람이 필요할 경우에는 '펼쳐진 상태', 부채를 휴대하거나 보관할 때의 편리함을 원할 때에는 '접혀진 상태'라는 식으로 최상의 성능을 얻고 싶다고 감히 상상해 보자. 움직일 수 없다면 움직이게 만들어 보고, 교환이 안 된다면 교환되게 하고, 휘어지지 않았다면 휘어지게 하고, 크기가 변하지 않았다면 변하게 해 보자.

이것이 '원리 15. 역동화'가 제안하는 생각의 방향이다.

〉〉 원리 길라잡이 15. [역동화]

유익한 기능_____을 신규 도입/수행/유지/향상시키고,

유해한 영향_____을 제거하기 위해

관심 시스템/대상_____에 포함된

◆ 해당 요소/물질이나 외부 환경의 특성을 변화시켜 작동 단계마다 최상의 성능을 얻을 수 있게 한다면?

◆ 해당 요소/물질이 움직일 수 없었다면 움직일 수 있게 한다면?

◆ 해당 요소/물질이 견고했다면 보다 유연하게 한다면?

◆ 해당 요소/물질을 상대적 위치를 서로 바꿀 수 있는 요소들로 분할한다면?

◆ 해당 요소/물질의 자유로운 이동을 더욱 증가시킨다면?

◆ 해당 에너지/장을 보다 가변성이 높은 에너지/장으로 대체한다면?

◆ 해당 에너지/장에서 변화시킬 수 있는 속성의 가짓수를 더욱 증가시킨다면?

◆ 해당 에너지/장의 속성을 변화시킬 수 없었다면 상황에 속성을 적응할 수 있게 변화시킨다면?

◆ 해당 절차를 좀 더 유연하게 설계한다면?

새롭게 만들어진 나의 아이디어 :

원리 16. 초과불급 후 보완
더하거나 덜한 다음 보완한다면?

'물건 전체에 페인트를 얇고 균일하게, 빨리 칠할 수 있는 방법은 없을까?'

물건 전체에 페인트를 칠하는 방법에는 붓으로 바르는 방법, 스프레이를 뿌리는 방법 등이 있다. 하지만 이 두 가지 도구는 물건 전체를 균일하면서 얇게 칠하기가 힘들다. 균일하게 칠한다 하더라도 많은 시간과 공이 필요할 것이다. 이때 초과분 제거의 원리를 이용하면 쉽고 균일하게 페인트를 칠할 수 있다. 실제 현장에서는 어떻게 이 원리가 쓰이고 있을까?

우선 이 물건을 페인트 통 속에 담근 후 꺼낸다. 겉에 페인트가 아주 많이 묻어 페인트가 뚝뚝 떨어질 것이다. 이 상태로는 곤란하다. 하지만 걱정할 필요는 없다. 물건을 일정한 속도로 회전시켜 두껍게 묻어 버린 페인트(초과분의 페인트)를 제거하면 되니까. 원심력은 초과된 페인트를 날려 버린다. 물건의 표면은 이제 전체적으로 균일하고 얇아진 페인트가 묻게 된다.

어떤 작업이나 기능이든 한 번의 조작으로는 원하는 성능을 못 얻거나 원하는 지표를 달성하지 못할 수도 있다. '원리 16'은 한 번의 조작으로 달성할 수 있으면 좋겠지만 그것이 여의치 않을 경우 우선 초과 조치를 취한 후에 여분을 제거하거나 목표에 좀 덜 그러나 빨리 가게 한 후 모자란 부분을 다음 단계에서 보완하는 방안을 제안하고 있다.

실생활에서 이 원리는 의외로 잘 동작한다. 활용할 시에는 초과 후 삭감의 반대인, 좀 덜한 후 더해 주는 활동도 물론 고려해야 한다. 원하는 효과에 못 미치거나 지나치는 경우, 그런 상황을 인정하는 것도 나쁘지 않다. 이런 효과를 역으로 이용해서 다른 용도를 개발할 수도 있고, 모자란 기능이나 성능은 다른 방법을 통해서 추가적으로 얻을 수도 있으며, 혹은 지나친 부분은 다른 방법을 이용해서 제거할 수 있다.

홈베이킹을 시도해 본 주부라면 밀가루나 각종 재료들 간의 배합 비율이 얼마나 중요한지 잘 알고 있다. 비단 홈베이킹뿐은 아니다. 각종 요리를 할 때에도 양념의 배합 비율이 맛을 결정한다. 음식이 서툰 신혼의 새색시는 맛있는 음식을 만들기 위해 양념의 양을 계량할 때 노심초사한다. 조심조심 계량스푼에 설탕이나 소금을 올리고, 딱 한 스푼을 계량하느라 손을 떤다.

그러나 베테랑 주부들은 안다. 그렇게 바들바들 떨면서 계량스푼에 양념을 올리려면 시간이 오래 걸린다는 것을. 그래서 그들은 다른 방법을 쓴다. 일단 계량스푼으로 양념을 가득 푼다. 그 다음 젓가락을 이용해서 수북한 양념을 다시 덜어낸다. 이 방법은 빠르고 간편하며 피곤하지 않고 정확하다.

이미지를 덜 받아도 알 수 있다

인터넷을 서핑하는 이유는 여러 가지 있겠지만 좋은 그림 자료를 보는 즐거움도 빠지지 않는 이유이다. 좋은 그림 자료는 당연히 용량도 크다. 인터넷의 전송속도는 제한되어 있으니 크기가 수킬로바이트 이상 되는 큰 그림이라면 완전히 다운로드받는 데 몇 초가 걸릴 수도 있다. 예전 같으면 이것도 웬 떡이냐며 즐거워했겠지만, 통신의 발달은 네티즌의 인내력을 약하게 만드는 부작용을 가져왔다. 큰 그림을 기다리는 그 몇 초가 마치 몇 분처럼 느껴지는 이는 한두 명이 아닐 것이다.

인터레이스 지프(interlace gif) 포맷은 이렇게 참을성 없는 네티즌들을 조금이나마 진정시키는 효과가 있는 기술이다. 다른 그림 파일 포맷과 달리 인터레이스 지프는 파일을 다 받지 못한 처음에는 화상 전체가 모자이크처럼 표현되다가 다운로드가 진행되면서 처음보다 뚜렷한 이미지로 변화해 간다. 다운로드를 다 받으면 제대로 된 그림이 화면을 채운다.

한정된 다운로드 속도를 가지는 회선을 사용해 한 번에 그림 전체를 다 받지 못해 일부만을 받더라도 그림 내용의 윤곽을 파악할 수 있다는 장점이 있다.

원하는 효과에 못 미치거나 지나치는 경우, 그런 상황을 인정하는 것도 나쁘지 않다. 이런 효과를 역으로 이용해서 다른 용도를 개발할 수도 있고, 모자란 기능이나 성능은 다른 방법을 통해서 추가적으로 얻을 수도 있고, 혹은 지나친 부분은 다른 방법을 이용해서 제거할 수도 있다.

이미지를 처음 받기 시작할 때의 화면

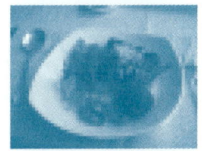
이미지를 받기 위해 기다리는 동안의 화면

이미지를 받은 후의 화면

이미지 파일을 다 내려받지 않아도 내용이 무엇인지 알 수 있어 편리하다.

〉〉 원리 길라잡이 16.
[초과불급 후 보완]

유익한 기능_____을 신규 도입/수행/유지/향상시키고,

유해한 영향_____을 제거하기 위해

관심 시스템/대상_____에

◆ 작용을 정확하게 가하는 것이 어렵거나 오래 걸린다면 약간 과도하게 작용을 가한 후 더해진 부분을 덜어주면 어떨까?

◆ 작용을 정확하게 가하는 것이 어렵거나 오래 걸린다면 약간 모자란 듯 작용을 가한 후 모자란 부분을 더해 주면 어떨까?

새롭게 만들어진 나의 아이디어 :

원리 17. 차원 변경
차원을 바꾼다면?

"물로 헹궈야 하는데 불편해서 못하겠네."

사법고시를 준비하고 있는 A군의 투정이다. 고시촌에서 자취를 하는 A군은 1.8리터 생수병에 끓인 보리차 물을 담아 먹는다. 끓인 보리차를 생수병에 따르기 전에 싱크대의 수돗물로 속을 한 번 헹궈 내고 싶은데 여의치가 않다. 생수병은 길고 싱크대와 수도꼭지의 높이는 그것보다 턱없이 짧다. 지금 이 글을 보고 '나도 그런 적 있는데.' 하고 공감하고 있는가?

고시생 A군에게 필요한 물병을 15세의 스웨덴 소녀가 너무나도 간단하게 만들었다. 기존 사물을 바라보는 생각의 차원을 바꾼 것이다. 즉, 물병의 주둥이는 당연히 위에 있어야 한다는 생각을 바꾸었다. 이 소녀는 물병의 주둥이를 옆구리에도 달았다. '아래쪽에 주둥이를 달아도 뚜껑을 닫으면 물은 새지 않는다.'는 당연한 생각을 우리는 왜 하지 못했을까?

소녀는 기존의 모든 사람이 '병 주둥이는 위에 있는 거지.' 하고 생각할 때 주둥이의 위치라는 '차원'을 변경해서 병의 아래쪽을 또 하나의 주둥이 위치로 설정하였다. 아래쪽에 주둥이를 한 개 더 단 마개물병을 발명한 소녀는 물병에 주둥이가 있어야 한다는 생각에는 반기를 들지 않았다. 단지 그 방향이나 위치에만 변화를 주었을 뿐이다.

일반 물병 　　　　입구가 옆구리에도 달린 물병

만약 우리 주변의 사물을 기울이거나 옆으로 눕힌다면 어떻게 될까? 주어진 영역의 '다른 면'을 활용한다면 어떻게 될까 등등의 개념인 차원 변경을 통해서 활용한 것이다.

시스템 작동 원리의 기본은 변화시키지 않으면서 치명적인 문제만을 제거하고자 하는 경우가 있다. 시스템의 작동 원리상 해당 문제는 발생할 수밖에 없(어 보이)는데도 말이다. 여기 그런 상황을 타개할 만한 원리가 있다. 바로 '차원을 바꾸는' 원리이다. 시스템의 공간적인 차원이건, 시간적인 차원이건 일단 한번 바꿔 보자. 시스템의 기본 기능에 해당하는 작동 원리는 그대로이면서도, 치명적인 문제는 없어질 것이다. 다음에 소개된 사례들을 참고해서 시스템의 차원을 바꿔 본다면 어떨까?

에디슨의 축음기는 틀렸다

지하철을 타고 출근하는 길, 귀에 이어폰을 꽂고 음악을 크게 틀어놓은 젊은이들이 눈에 띄었다. '귀가 안 따가울까?'라는 생각과 함께 '소리를 저장하고 그것을 다시 들을 수 있게 만든, 대중화시킨 사람은 누구였을까? 그리고 그것들은 어떤 원리로 만들었을까?' 하는 궁금증이 생겼다. '소리도 글씨처럼 기록해 두었다가 듣고 싶을 때 다시 꺼내 듣고 싶다.'는 욕구는 인간의 무의식중에 항상 내재되어 있던 것이리라.

우리가 기억하는 발명왕 토머스 에디슨은 축음기를 세계 최초로 발명한 사람은 아니었다. 하지만 본격적으로 실용화시킨 첫 번째 사람임에는 틀림없다. 에디슨은 포노그래프라는 이름으로 축음기를 발표해 특허를 받았다. 에디슨이 만든 원통형 모양의 미디어를 사용한 이 축음기는 홈의 깊이에 따라 소리의 세기가 변화되었고, 이 홈을 바늘로 다시 더듬어 가면서 소리를 재생하는 방식이었다.

이에 1887년 에밀 베를리너(Emile Berliner)는 우리가 알고 있는 LP판(LP레코드판)과 플레이어(player)와 흡사한 축음기를 만들어 그라마폰(Gramaphone)이라 불렀다. 그의 원반형 레코드는 에디슨의 원통형 레코드와 모습뿐 아니라 소리가 기록된 홈의 형상과 소리 기록 방식도 달랐다. 에디슨은 소리 세기의 변화를 홈의 수직 높이로 나타냈지만 베를리너는 수평 방향의 형상으로 나타냈다. 즉, 에디슨은 상하 방향을 활용했지만 베를리너는 좌우 방향의 이동을 활용했다. 기존 에디슨의 축음기 개념에서 차원을 정말이지 살짝 변경한 것이다.

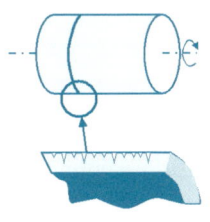

에디슨의 축음기 미디어

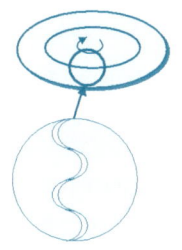

베를리너의 축음기 미디어

베를리너는 에디슨보다 늦은 1887년에 축음기 사업을 시작했지만 차별화되는 개념을 들고 나왔다. 그가 만든 그라마폰 사(빅터 회사의 자매회사이며 현재 EMI와 도이치그라마폰의 전신)는 곧 에디슨을 앞질렀고, 1929년경에는 에디슨의 축음기 음반 회사의 문을 닫게 만들었다. 그라마폰의 디스크 음반은 LP를 거쳐 지금의 CD와 DVD 시대까지 이르고 있다.

기술적인 것뿐만 아니라 내용적인 면도 베를리너는 에디슨보다 남다른 점이 있었다. 에디슨의 음반은 대중가요나 코미디 대화가 대부분이었지만 베를리너는 그 당시에 상업성이 전혀 없어 보이는 오페라 가수의 노래를 녹음했다. 비싼 입장료를 지불해야 들을 수 있는 유명 가수의 노래를 집안에서 편안하게 들을 수 있는 베를리너의 음반은 요즘 말로 초대박을 터뜨렸다. 베를리너의 예상은 적중해 많은 사람이 베를리너의 오페라 음반을 구매하기 시작했다.

에디슨이 뒤늦게 원통형 미디어를 포기하고 다이아몬드 디스크라는 디스크 음반을 개발해 시판했지만 수직으로 소리의 세기를 읽어 내는 방식을 고집하는 바람에 좌우 수평으로 움직이는 그라마폰 음반을 쓸 수 없었다. 사람들은 이미 그라마폰 음반을 많이 구입해서 듣고 있었기 때문에 다이아몬드 디스크를 쓰기 위해 그라마폰 음반을 버릴 수는 없었다.

에디슨의 축음기는 이미 음반을 많이 사놓은 고객에게 외면을 당했고 결국 에디슨은 축음기 생산을 중단해야 했다. 에디슨은 축음기나 원통형 레코드라는 기술 시스템을 판매하는 데만 관심을 가진 나머지 그것을 담을 수 있는 콘텐츠 시장의 가치는 알아보지 못했다. 그 결과 돌이킬 수 없는 큰 실패를 경험하였다. 상업적인 축음기는 에디슨이 최초로 발명했지만 상업적인 성공을 이루고 음반 산업의 아버지가 된 것은 베를리너였다.

기기 자체가 아니라 기기에 담긴 콘텐츠가 기기의 시장 지배력에 영향을 준 사례는 현대에도 존재한다. 음원을 쉽게 내려받을 수 있는 서비스와 함께 한 아이팟이 바로 그 주인공이다.

　발명이라는 것은 일반인이 하기 힘든, 특별한 사람들이 하는 것이라고 생각하기 쉽다. 하지만 원리의 예를 알아가다 보면 그렇지 않다는 것을 알 수 있다. 스웨덴의 소녀가 옆구리 마개물통을 생각했듯이. 그리고 이런 생각들은 새로운 것을 원하고 편리함을 추구하는 미래 사회의 성공 비결이 될 수 있다.

　단지 위치나 방향, 형상만을 바꾸는 간단한 차원 변경의 원리처럼 소박한 아이디어가 세상의 아름다운 소리가 담긴 음반을 생각해 내는 첫 단추가 되는 것이다.

≫ 원리 길라잡이 17. [차원 변경]

유익한 기능_____을 신규 도입/수행/유지/향상시키고,

유해한 영향_____을 제거하기 위해

관심 시스템/대상_____에 포함된

◆ 1차원적 형상/배치/작용 방향을 2차원적인 것으로 바꾼다면? 2차원을 3차원으로 바꾸는 것처럼 차원을 하나씩 높여간다면?

◆ 해당 요소/물질/절차/에너지를 여러 겹으로 여러 층으로 구성하여 활용한다면?

◆ 해당 요소/물질을 기울이거나 옆으로 눕힌다면?

◆ 해당 영역의 '다른 면'을 활용한다면?

◆ 해당 에너지/장의 1차원적인 장을 2차인, 3차인, 다중차원으로 바꾼다면?

◆ 서로 성질이 다른 장을 다중으로 중첩해서 활용한다면?

◆ 기존에 장을 가하지 않았던 방향으로 장을 가한다면?

◆ 광선을 사물의 주변 영역 또는 반대쪽으로 투사한다면?

새롭게 만들어진 나의 아이디어 :

원리 18. 진동 도입
흔들어라, 반응하리라

'소리 없이 강하다. 쉿! 레간자.'

이젠 꽤나 오래된, 한 자동차 회사의 자가용 광고 카피다. 진동이나 떨림에 대해 사람들이 겪는 불쾌감을 줄여 상품 전략으로 내놓았다. 사람들의 이런 욕구는 300km의 고속 주행에도 흔들림 없는 KTX를 만들었다. 편안하고 빠른 기차여행을 하게 된 것이다. 한마디로 진동을 줄이고 소음을 줄이는 것이 기계의 성능을 말하는 관건이 되었다.

진동과 소음을 줄이는 것은 사람들의 편안함을 위해 꼭 필요한 것이지만 반대로 진동이 없으면 무용지물이 되는 기계가 있다. 몇몇 운동기구가 바로 그것이다. 진동으로 살을 떨리게 해 살을 빼는 기구나 허리에 벨트를 걸면 벨트가 흔들려서 온몸이 흔들리게 하는 운동기구를 많이 보았을 것이다. 살을 빼는 기구에도 규칙적인 진동이 필요한 기계들이 있다. 진동은 이처럼 때때로 생활에 유익한 물건들을 만드는 데 도움을 준다.

진동은 흔들려 움직인다는 뜻이다. 기능 수행이 만족스럽지 못할 때, 활용하는 장이나 대상 혹은 기능의 주체에 떨림을 줄 때 생각보다 많은 효과를 얻을 수 있다.

평소에 별 생각 없이 지나치는 이 진동을 이용해 우리 삶에 유익한 물건을 만들어낸 사례들이 있다. 같이 한번 살펴보자.

떨면 떨어진다?

만사가 다 귀찮아지는 한여름. 자취생인 대학생 A군은 침대에 떨어진 머리카락을 치우기 위해 조그만 청소기를 손에 쥔다. 전원을 켜 머리카락이 있는 침대 위에 청소기를 갖다 댄다. 하지만 머리카락은 딸려 오지 않는다. 오히려 청소기 입구에 붙어 있던 먼지만 침대에 묻는다. 그렇게 될 줄 알고 있었지만 오늘도 귀찮은 마음에 어리석은 행동을 하고야 만 것이다.

주부인 A씨도 청소기로 거실 청소를 하다가 한 번에 카펫 청소까지 끝내고 싶어 카펫에 청소기를 갖다 댄다. 하지만 청소기 입구로 딸려 온 카펫이 떨어지지 않아 오히려 더 청소가 힘들다. 주부 A씨는 진공청소기의 세기를 약하게 해 본다. 하지만 이번엔 진공이 약해 먼지들이 청소기에 빨려 들어가지 않는다. 하는 수 없이 주부 A씨는 카펫을 나가서 털기로 한다. 이 상황을 모순어법으로 표현해 보자.

- 모순 상태 0 : 만약 (A)진공을 약하게 하면,
  (B)침구가 딸려 올라와 흡입구가 막히는 악영향은 제거되어 바람직하나,
  (C)카펫의 먼지를 잘 빨아들일 수 없어 바람직하지 않다.
- 모순 상태 1 : 만약 (-A)진공이 강하면,
  (C)침구의 먼지는 잘 빨아들일 수 있어 바람직하나,
  (B)침구가 딸려 올라와 흡입구를 막아 바람직하지 않다.

진공을 약하게 할 것인가? 강하게 할 것인가? 당신이라면 어떻게 하겠는

가? 사람들 대부분은 주부 A씨처럼 적당한 진동을 찾아서 해 볼 것이다. 하지만 이 방법은 해결책이 되지 못한다. 이런 상황에서 자취생 A군과 주부 A씨가 공통적으로 생각한 것이 있다.

'청소기로 카펫이나 침대 시트 청소를 할 수는 없는 걸까?'

그렇다, 몇 년 전 출시되어 주부들 사이에서 인기를 끌고 있는 침구용 진공청소기가 바로 그 정답이다.

침구용 진공청소기는 필자의 기억으로는 2000년대에 출시되었다. 1990년대 후반만 하더라도 혼수품으로는 일반 진공청소기, 그것도 먼지백이 있는 진공청소기가 일반적이었다. 2000년 초반, 진동형 사이클론 진공청소기가 홈쇼핑 등에 출시된 이후 폭발적인 인기를 끌었고, 필자의 집에서도 구식 진공청소기는 먼지 봉투와 함께 집안 한구석에서 자리만 차지하고 있다. 기존의 기술이 완전히 잊혀진 것이다. 앞에서 말한 대로라면, 가히 침구 청소가 가능한 진공청소기는 혁신 상품이라고 할 수 있다. 그렇다면 이렇게 과거의 청소기를 잊게 만든 핵심 기술은 무엇이었을까?

정말 우습게도 '떨림'이 그 핵심 기술이었다.

앞에서 말한 것처럼 침구용 청소기의 모순 문제를 보고 침구용 청소기를 만들고자 했던 엔지니어들이 찾은 해법은 떨림이었다. 진공을 강하게, 약하게 걸기를 주기적으로 자연스럽게 진행되도록 작은 공을 이용했다. 일종의

일반 진공청소기는 이불 청소를 하지 못한다.

진공 팍팍 청소기는 이불 청소를 할 수 있다.

공명(resonance)이 일어나도록 하여 최소의 에너지로 진공이 걸렸다 풀렸다 하는 작용이 계속되도록 만든 것이다.

진동 기능 청소기의 상품성은 여기서 그치지 않고 일본까지 진출했다. '진동팍팍' 청소기가 '클린마루(clean まる)'라는 이름으로 일본에서 출시되어 3개월 만에 5만 대가 팔리는 성과를 거둔 것이다. 일본 주부들의 골칫거리인 다다미에 사는 진드기를 화학약품이 아니라 진동청소기의 강력한 흡인력으로 잡을 수 있다는 점이 일본 주부들의 마음을 사로잡았다. 이제 진동 기능이 없는 청소기는 한국인의 기억 속에서만 아니라 일본 주부들의 기억에서도 사라지고 있다.

진동으로 생명을 구하다

2002년에만 전 세계적으로 약 1만 6,000여 명의 생명을 앗아간 물건이 있다. 군사적인 목적으로 곳곳에 묻혀 있는 수백만 개의 지뢰가 바로 그것이다.

조지아 공과대학 연구진은 이런 인명 피해를 궁극적으로 예방할 수 있는 지뢰탐지시스템을 개발하고 있다. 이 시스템은 고주파수의 지진파를 방출하여 지표면 밑에 있는 흙이나 물체를 아주 조금(1만분의 1인치 정도) 흔들리게 한다. 그러면 레이더 센서가 그 결과를 측정해 묻혀 있던 지뢰의 존재를 시각적 정보로 만들어 준다.

이 지진파 시스템은 현재 금속탐지기와 지표투과레이더에 사용하는 전자기파 기술보다 더 큰 이점을 지니고 있다. 금속탐지기와 지표투과레이더에는 지뢰의 위치를 감지할 수는 있지만 일반적으로 금속 지뢰보다 더 널리 퍼져 있는 소형 대인용 플라스틱 지뢰를 찾아내는 데는 취약하다. 또한 땅에 묻혀 있는 바위, 막대기, 쇳조각과 같은 장애물을 지뢰로 착각하여 잘못된 정보를 제공하기도 한다.

이제 고주파수의 지진파 진동의 도입으로 정확한 지뢰의 위치를 파악하고 발견할 수 있게 되었다. 이것은 우리나라 군사분계선 지점에서 많이 발생되는 지뢰 사고도 예방할 수 있는 소중한 물건이 아닐 수 없다.

물체가 하나의 기준점을 중심으로 반복적으로 왔다 갔다 하면서 움직이는 상태가 바로 진동이다. 지진과 같이 물체가 몹시 울리며 흔들리는 경우도 진동이라고 한다. 이런 진동은 사람들에게 큰 피해를 안겨줄 때가 많지만, 전기면도기처럼 진동을 상황에 맞게 활용한다면 기대 이상의 효과를 얻을 수 있다.

이미 진동이 있다면 그 진동수를 초음파까지 증가시키는 방법, 초음파 진동을 전자기장의 진동과 연계하여 이용한다거나 진동의 공명 주파수를 이용하는 등 진동을 상황에 맞게 변형시키면서 문제 해결에 도입해 보자.

일본의 어느 절에 있는 부처님상은 지진이 일어나기 전에 소리를 내서 지진을 경고해 준다고 한다. 이것은 인간이 느낄 수 없는 지진파에 공명하여 증폭하는 구조가 부처님상의 내부에 존재하기 때문이다. 이쯤 되면 진동이 인간을 구한다는 말을 감히 할 수 있겠다.

기능 수행이 만족스럽지 못할 때, 활용하는 장이나 대상 혹은 기능의 주체에 떨림을 주면 생각보다 많은 효과를 얻을 수 있음이 경험적으로 입증되어 있다. 다음에 나와 있는 길라잡이를 통해 좀 더 떨림을 강하게 가해 보자.

>> 원리 길라잡이 18. [진동 도입]

유익한 기능_____을 신규 도입/수행/유지/향상시키고,

유해한 영향_____을 제거하기 위해

관심 시스템/대상_____에 포함된

◆ 해당 요소/물질을 진동하게 한다면?
◆ 진동의 공명 주파수를 이용한다면?
◆ 기계적 진동을 압전(piezo) 진동과 같이 고주파수 대역을 활용한다면?
◆ 초음파 진동을 전자기장의 진동과 연계하여 이용한다면?

새롭게 만들어진 나의 아이디어 :

원리 19. 주기적 작용
한 번에 쭈욱 하는 대신 주기적으로

따사로운 햇살이 살을 파고드는 한가로운 일요일 오후. 공원에서 여유를 즐기는 사람들과는 달리 쉼 없이 돌아가고 있는 스프링클러가 있다. 스프링클러가 뿜어내는 물방울 때문에 작은 무지개가 보이기도 한다. '칙칙칙칙' 소리를 내며 물줄기가 멀리도 나간다.

'스프링클러라면 당연히 저렇게 멀리 물을 보낼 수 있어야지. 그래야 넓은 공원의 풀밭에 물을 줄 수 있으니까.' 하고 대수롭지 않게 생각했다. 그런데 어느 날 갑자기 멀리 나가는 물줄기와, '칙칙칙칙' 일정한 소리를 내는 스프링클러가 나의 호기심을 사기 시작했다. '어떻게 저렇게 멀리 물줄기를 보내는 거지?'

이 질문의 답에 주기화가 숨어 있다. 일정하게 계속 물줄기를 뽑아내면 압력이 작아 물을 멀리 보내지 못할 텐데 스프링클러는 물이 나가는 것을 최대한 막았다가 폭발시키듯 주기적으로 뿜어냈다.

주기화의 원리는 우리의 생활 곳곳에 숨어 있다. 일주일마다 한 번씩 지친 업무에서 벗어나 재충전하도록 하는 일요일 휴무도 주기화가 아닌가.

끊어서 접지력을 높인다?

　차량들이 엉금엉금 우스꽝스럽게 도로를 가득 메우고 있다. 경적소리가 거리를 뒤덮고 접촉 사고가 있는 곳은 운전자들의 목소리가 높다. 부산의 한 백화점 앞에서 집으로 돌아갈 것을 걱정하던 여대생이 눈앞에서 승용차 한 대가 빙그르르 돌아 옆 차와 충돌하는 것을 목격한다.

　많은 눈이 내린 후 밤이 되면서 도로가 얼어 버린 부산의 거리 풍경이다. 눈이 거의 오지 않아 빙판길에 익숙하지 않은 부산 사람들을 이 교통지옥의 상황에서 구해 낼 방법이 없을까? 자동차 바퀴에 체인을 달거나 도로에 염화칼슘, 또는 모래를 뿌려 제설작업을 하는 방법이 있겠다. 하지만 부산에서는 그렇게 제설 장비에 돈을 들이기엔 눈이 자주 내리지 않는다.

　ABS 시스템(Anti Lock Brake System)이라면 조금은 도움이 될 수 있을 것 같다. 눈이 올 때뿐 아니라 평소에도 안전을 위해 필요한 것이니까. ABS는 자동차가 급제동할 때 바퀴가 '잠기는' 현상을 방지하기 위해 개발된 특수한 브레이크를 말한다. 여기서 바퀴가 '잠기는' 현상이란 차가 여전히 진행하고 있는데도 바퀴는 완선이 넘쳐선 현상을 말한다. 특히 도로면이 얼어 있거나 물이 있어서 미끄러울 경우 심하게 발생한다.

　급제동 시 타이어가 잠기면 어떤 문제가 발생할까? 가장 큰 문제는 핸들로 차의 방향을 바꿀 수 없다는 것이다. 타이어가 회전하고 있어야 핸들로 앞 타이어의 각도를 바꿔 원하는 방향으로 갈 수 있는데 타이어가 잠긴 상태에서는 아무리 핸들을 돌려도 조종이 되지 않는다. 따라서 운전자의 의지와 상관없이 사고가 일어난다.

　두 번째는 제동거리가 길어진다. 이런 경우 가장 효과적인 제동 방법은 타이어가 잠기기 바로 직전까지 브레이크 페달을 밟아 최대의 접지력을 살려 주는 것이다. 하지만 프로 카레이서들도 수없는 반복 연습을 통해 익힐 수 있는 고난도의 테크닉을 위급해서 당황한 상태의 일반 운전자들에게 요구할 수는 없는 노릇이다.

급제동을 할 때만 타이어가 잠기는 것은 아니다. 모래밭이나 비포장도로, 빙판길에서는 마찰력이 적어 더 쉽게 타이어가 잠긴다. 겨울철 빙판길에서 차가 미끄러지는 것은 바로 타이어가 잠겼다는 것의 다른 표현이다. 이러한 잠김(lock)을 어떤 방식으로 없앨 수 있을까?

ABS의 원리는 간단하다. 바퀴를 제동할 때 잠기지 않도록 쉴 새 없이 잡았다 놨다를 계속하는 것이다. 마치 사람이 열심히 발로 브레이크를 밟았다 놓기를 반복하는 것과 마찬가지다. ABS는 1초에 이런 반복 동작을 10차례 이상을 한다. ABS는 바퀴마다 스피드 센서를 설치하고 여기서 들어오는 정보를 분석, 만일 한쪽 바퀴가 잠기면 그 바퀴만 잡았다 놓았다를 해 네 바퀴의 접지력이 동일하도록 만들어준다. 따라서 미끄러지는 현상이 일어나지 않아 조종력을 잃지 않으며, 타이어 잠김이 생기지 않기 때문에 제동거리도 훨씬 짧아진다.

세계 최대 자동차 부품 업체인 보쉬 그룹. 현재 전 세계 27만 1,000명의 직원이 근무하고 있으며, 2007년 회계연도에 약 463억 유로의 매출을 기록하였다. 보쉬의 대변인에 따르면 현재 세계 신차의 70%가 ABS를 장착하고 있다고 한다. 독일은 이보다 훨씬 높은 비율이다. ABS의 개발로 얼마나 많은 수익을 올릴 수 있었는지 알 수 있게 해 주는 대목이다.

차량을 멈추게 할 때 브레이크를 밟았다 떼었다 반복하는 것을 '주기화'라고 할 수 있다. 이 '주기화'는 작동 방식뿐만 아니라 대상이나 시스템의 형상, 절차 등에 일정한 주기성을 주는 것도 포함된다.

빨간 눈을 감추려면

사람의 눈은 빛이 많은 곳에서 동공이 작아지고 빛이 없는 곳에서 동공이 커진다. 그래서 어두운 곳에서 사진을 찍기 위해 플래시를 터뜨리면 빛이 확장된 동공으로 들어가고, 이 망막 뒤에 있는 혈관이 빛을 반사하게 된다. 이 빛은 혈관의 색 때문에 붉은 빛을 띠는데, 이 붉은 빛이 카메라로 반사되어 사진에 토끼눈처럼 빨갛게 나타나는 것이다. 그래서 이 현상은 사람보다 동공이 큰 개나 고양이 같은 동물에서 더 잘 나타난다.

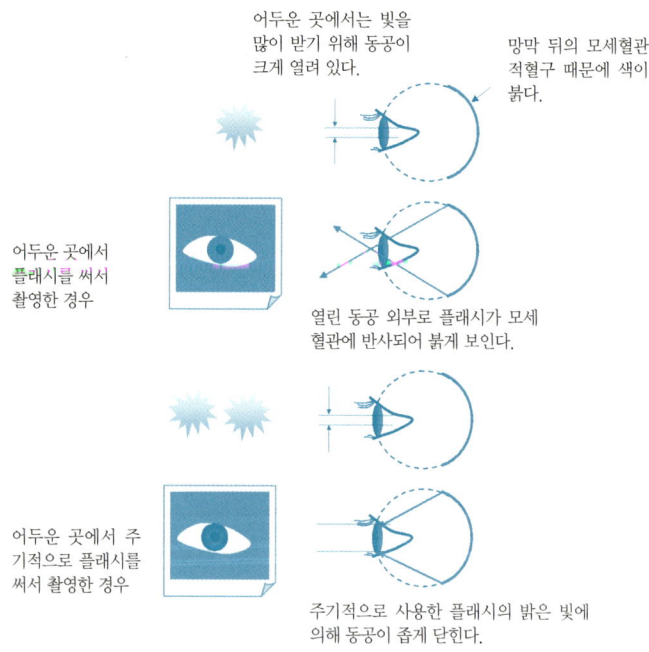

사진에 눈이 빨갛게 나타나는 적목 현상

이와 같이 불편함을 감수할 필요가 없는 카메라가 이젠 대세이다. 주 플래시가 터지기 전에 깜박깜박하면서 짧은 빛을 미리 터뜨리는 카메라를 본 적이 있을 것이다. 더블 플래시나 멀티플래시 기능이라고 하는 것인데, 주 플래시가 터지기 전 주기적인 짧은 빛을 이용해 사진을 찍기 전에 동공을 닫히게 하는 원리이다.

우리는 연속적으로 하는 것에 익숙해져 있어서 끊어서 하는 것에 대해 생각하지 못할 때가 많다. 가끔은 끊어주는 것을 생각해 보자. 신호등의 녹색 불이 깜박거리지 않는다면 우리는 건너야 할지 말아야 할지 판단할 수 없을 뿐더러 사고의 위험성도 높다. 주기화는 연속적인 것을 일정한 간격으로 끊음으로써 신호등의 녹색 불처럼 어떤 효과를 나타낼 수 있을 때 유용하게 사용된다.

이 원리는 작용 방식에 주기성을 주는 방법을 제안하고 있다. 그러나 꼭 작동 방식에만 한정된 것은 아니고, 대상이나 시스템의 형상, 절차 등에 일정한 주기성을 주는 것도 이 범주에 포함되니 기억해 두자. 즉, 대상을 주기적으로 제공하거나 회수한다든지, 연속적인 작동을 주기적 순간 작동으로 대체한다든지, 작동이 이미 주기적이면 그 주파수나 주기 등을 변경시킨다든지, 추가적인 작동에 대해서는 주기 사이의 쉬는 시간을 활용한다든지 등등의 다양한 방법이 있다.

〉〉 원리 길라잡이 19. [주기적 작용]

유익한 기능_____을 신규 도입/수행/유지/향상시키고,

유해한 영향_____을 제거하기 위해

관심 시스템/대상_____에 포함된

◆ 해당 요소/물질을 주기적으로 제공하거나 회수한다면?
◆ 연속적인 작동을 주기적 순간 작동으로 대체한다면?
◆ 작동이 이미 주기적이면 그 주파수나 주기 등을 변경시킨다면?
◆ 추가적인 작동에 대해서는 주기 사이의 쉬는 시간을 활용한다면?

새롭게 만들어진 나의 아이디어 :

원리 20. Stopless
끊임없이 움직여라

증기기관차는 연료를 삽으로 쉴 틈 없이 넣지 않으면 멈춘다. 호박죽과 같은 음식을 만들 때 끊임없이 저어주지 않으면 냄비의 바닥에 죽이 들러붙는다.

'원리 20'은 '밤낮없이 쉬지 않음', 즉 유익한 작용을 지속하라는 말이다. 증기기관차가 앞으로 나아가기 위해, 냄비 바닥에 죽이 들러붙지 않도록 하기 위해 계속 뭔가를 하는 것이다.

이 말은 필요하거나 유익한 것만 쉬지 않고 중단 없이 계속해야 최고의 생산성과 효율을 올릴 수 있고, 필요 없거나 가치가 적은 것들은 하지 말아야 한다는 의미를 가진다.

쉴 틈 없는 레이저프린터

가스레인지에 라면 물을 올려놓고 그 물이 다 끓을 때까지 지켜보는 사람은 없을 것이다. 보통은 라면 물이 끓는 동안 텔레비전을 보거나 파나 달걀 등 다른 식재료를 넣기 위해 준비를 한다. 멍하게 서서 시간 낭비하고 있는 미련한 짓은 하지 않는다.

에디슨이 발명한 초기의 등사기는 이런 여유만만한 방식으로 동작했는데,

먹판 위에 인쇄해야 할 종이를 놓고 롤러를 밀어주는 식이어서 한 장의 인쇄 과정을 온전히 다 마쳐야 다음 장을 인쇄할 수 있었다. 그러니까 종이를 등사기의 인쇄면에 넣고 인쇄 작업을 한 다음 인쇄된 종이를 꺼낸다. 종이를 넣고 꺼내는 시간 동안 인쇄는 멈추는 것이다. 지금 그렇게 인쇄하라고 하면 답답해서 속이 터질 것은 물론, 매우 번거로울 것이다. 그런데 과거에는 이런 식으로 인쇄를 했다.

이미 추억 속의 사실이 되었지만 이 등사기와 현대의 프린터의 차이를 가장 잘 설명할 수 있는 원리가 바로 'stopless'의 원리이다.

등사기의 경우, 일단 인쇄가 되지 않은 종이를 등사기의 인쇄면에 공급한 후 인쇄 작업을 행한다. 그 다음에 인쇄가 된 종이를 꺼낸다. 종이를 넣고, 꺼내는 시간 동안에는 인쇄 작업의 가장 핵심이 되는 '인쇄' 기능이 쉬게 된다. 이것을 쉬지 않고 하려면 무엇을 해야 할까? 사무실에서 일반적으로 활용하는 레이저프린터가 이에 대한 해답을 구현한 전형적인 사례이다. 바로 롤러 혹은 드럼을 활용하여 종이를 쉼 없이 공급하는 것이다.

레이저프린터에는 쉬지 않고 동작을 하는 것이 급지 말고 하나 더 있는데, 바로 이미지를 생성하는 일이다. 평판에 이미지를 새겼다 지웠다 하는 경우, 인쇄를 연속적으로 하고 싶어도 할 수가 없다. 그런데 드럼이나 롤러에서 이미지를 새겼다 지우는 경우에는 종이를 연속적으로 공급하면서 인쇄를 연속적으로 '쉬지 않고' 진행할 수 있다.

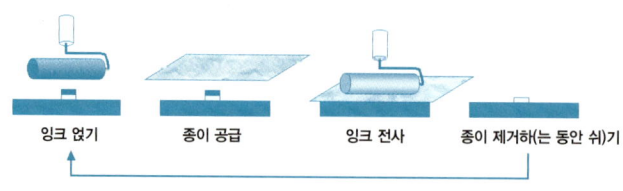

에디슨이 발명한 등사기

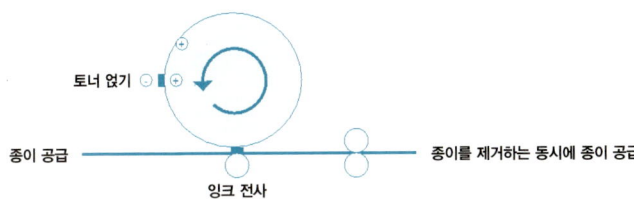

레이저프린터 동작 원리도

　핵심적인 작동 원리가 일차적으로 설정된, 그러나 아직은 효율 면에서 부족함이 있는 시스템의 효율화를 위해 무엇을 할 수 있는지에 대한 가이드라인을 바로 이 원리가 제시하고 있다.

20배 빠른 잉크젯 프린터

　대학생 A군은 지금 느린 속도의 잉크젯 프린터 때문에 발을 동동 구르고 있다. 과제를 다 마치고 프린트를 하고 있는 대학생 A군은 친구들과 약속 장소에 한시라도 빨리 가고 싶지만 느리게 인쇄되는 잉크젯 프린터 때문에 출발이 늦어지고 있었다.

　잉크젯 프린터 동작 원리상 발생하는 근본적인 문제는 바로 잉크의 리필에 절대적으로 시간이 걸린다는 점이다. 잉크를 끓여 버블을 만들고 크기가 커졌다 줄었다 하는 식으로 동작하는 thermal 혹은 bubble inkjet의 경우 잉크의 토출을 위해 가열과 냉각을 해야 하는데 가열/냉각에 필요한 최소 시간이 있기 때문에 빠른 토출과 리필이 쉽지 않은 점이 항상 지적되어 왔다. 전기를 가하면 진동이 일어나는 특수한 소자인 piezo 소자를 이용하는 잉크젯의 경우에는 이런 문제는 없지만 통상 잉크의 점성(액체의 끈끈함을 나타내는 물리적 지표, 점성이 클수록 끈끈한 액체이다. 끈끈함은 액체의 속도와 밀도 유로와 유체가 맞닿는 길이와 관련이 있다)이 클수록 리필이 잘 되지 않고, 잉크의 점성이 작을수록 리필은 잘 되지만 노즐 끝에서 샘 현상(leakage)이 심각해지는 등 제반 문제가 커서 어느 이상 리필타임을 감소시키는 것은 물리적으로 불가능하다(고 믿어졌다).

이를 모순어법으로 풀면 다음과 같다.

- 모순 상태 0 : 만약 (A)잉크의 점성이 높다면 (빡빡한 잉크),
(B)노즐 끝에서 샘 현상이 없어 바람직하나,
(C) _____ 하여 바람직하지 않다.
- 모순 상태 1 : 만약 (-A)잉크의 점성이 낮다면(묽은 잉크),
(C)잉크의 리필은 용이하여 인쇄 속도는 증가하여 바람직하나,
(B)_____ 하여 바람직하지 않다.

영국에서 2004년 설립된 잉크스키(Inkski) 사는 LILO라는, 잉크젯 업계의 가장 근본적인 리필타임에 의한 랙(lag)이라는 문제를 해결하는 방법을 제시하였다. LILO가 그토록 빠른 잉크 드롭 속도가 가능한 것은 너무나 간단하다.

일반적인 잉크젯은 드롭핑노즐(dropping nozzle)에서 잉크를 드롭한 후 새로 잉크를 채우기 위한 리필타임이 있는데 이 동안에는 잉크 드롭핑이 불가능하다. 반면 LILO 기술의 경우, 회전하는 실린더에 설치된 노즐에서 잉크가 드롭핑되면 그 노즐이 리필되는 동안 다음번 노즐이 드롭핑을 한다. 이런 방식으로 전체적으로 리필타임 때문에 잉크 드롭핑에 랙이 발생하지 않아 프린팅 속도를 증가시킬 수 있다. 이 기술은 평판형 인쇄기를 윤전기로

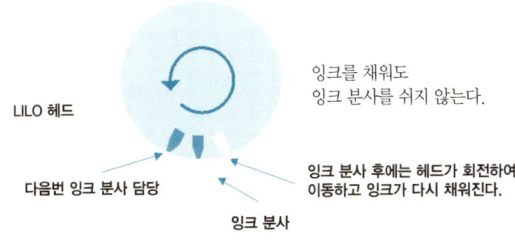

쉬지 않고 잉크를 뿜을 수 있는 stopless 잉크젯 헤드

전환시켰던 18세기의 발상과 놀랍도록 유사하다.

피곤하고 지칠 때 우리는 "능률이 안 오른다."라는 말을 하곤 한다. 인간이 하는 일이라면 쉬지 않고 계속 작업하는 것이 비효율적일 수도 있다. 하지만 똑같은 속도로 일을 할 수 있는 기계의 경우 멈추지 않고 유용한 작업을 계속 해야겠다는 생각은 공정의 효율성 개선이나 작업 시간 단축, 혹은 작업 속도의 향상을 가져온다.

이때 유념해야 할 점은 쉬지 않고 동작이나 작용을 하는 기계에 에너지와 소모품이 끊기지 않도록 공급해야 한다는 것이다. 20배의 속도를 낼 수 있는 잉크젯 프린터가 가능할 수 있었던 것도 잉크의 공급이 원활했기 때문이었다는 것을 기억하자.

공정이나 절차는 일련의 작업인 만큼 단 한 군데 절차의 비효율일지라도 전체적인 효율에 영향을 주기 때문에, 만약 효율이 떨어지거나 더 높여야 할 필요가 있을 때라면 반드시 어디에 '쉼이 있는지'를 역으로 살펴보는 지혜가 필요하다.

'원리 20'에 있는 '쉬지 말고'의 원리를 적어도 몰라서 못 쓰는 일은 없어야겠다. 이 원리야말로 효율 향상을 위한 최고의 경험법칙 중 하나이다. '유용한 것만 지속'하려면, '회전'하는 요소를 도입하거나 루프(loop)형의 절차를 구성하는 것이 유리하다.

잘 적용되는 분야와 이슈는 공정이나 절차의 단위 시간 대비 효율을 높이고자 할 때이다. 사무용 인쇄기같이 내부에 작은 공장과 같은 것들이 들어 있는 기기의 경우 기기의 동작 속도 향상, 가동 효율 향상 등에도 활용될 여지가 있다.

이 원리를 활용하여 개선안을 도출할 때 기억할 점은 '쉬지 않고' 동작이나 작용이 이루어지기 때문에 에너지와 소모품 역시 '쉬지 않고' 제때제때 공급해야 한다는 점이다. 이 점을 잊는다면 당신은 이 기기가 쓸모없다는 불만을 '쉬지 않고' 듣게 될 것이다.

〉〉 원리 길라잡이 20. [Stopless]

유익한 기능_____을 신규 도입/수행/유지/향상시키고,

유해한 영향_____을 제거하기 위해

관심 시스템/대상_____에 포함된

◆ 해당 요소/물질의 모든 부분이 최대 성능으로 계속해서 작동하게 한다면?
◆ 유용한 에너지/기능이 중단 없이 작용하게 한다면?
◆ 유용한 에너지/기능/절차만 지속적으로 작용/수행한다면?
◆ 쓸모가 없거나 적은 절차/단계 또는 준비/중간 동작을 제거한다면?
◆ 전진/후퇴의 왕복 동작을 회전 동작으로 대체한다면?

새롭게 만들어진 나의 아이디어 :

원리 21. 가속화
더욱 신속하게 한다면?

"빠른 판단이 승부에서 이길 수 있었던 결정적인 이유였던 것 같습니다."

경기 후에 운동선수들이 승리한 이유를 얘기할 때 자주 하는 말이다. 순식간에 일어나는 운동경기에서 빠른 판단력과 실행은 승리하는 데 필수조건이다. 이것은 운동경기뿐만 아니라 경영이나 경제에서도 자주 언급되는 말이다. 예를 들어 주식투자를 할 때 빠른 판단력과 실행력이 없다면 제때 사거나 팔지 못해 손해를 보고 만다. 회사에서도 마찬가지다. 상품가치가 있는 것을 발견했을 때 어물쩍거린다면 다른 회사에서 먼저 그것을 선점할 것은 불을 보듯 뻔하다.

이처럼 재빨리 일을 처리하면 짜릿한 성공을 맛볼 수 있다. 빨리 해 버리는 것만으로도 악영향이 감소하거나 효율이 향상될 수 있는 것이다.

'시간에 대한 정보'가 철저하게 제약 요소였던 시대에는 시계를 연구하고 개발하는 것이 한 시대를 풍미했다. 지금은 '시간'의 절대량이 부족한 시대, 고객은 '시간'을 아끼는 무언가를 갈구하고 있다.

이런 시대에 카드 한 장 만드는 데 며칠씩 걸린다는 건 비즈니스를 안 하겠다는 뜻일 거다. '시간'을 희생하고서라도 무언가 고객에게 줄 확실한 것이 있지 않는 한 '시간'보다 더 중요한 자원, 더 절절한 제약 자원은 앞으로 당분간은 없어 보인다.

우선 카드부터 만들어 드립니다

"시간 많이 걸리잖아. 그냥 가자."

여자 친구가 포인트 카드를 만들고 가자는 말에 A군이 이렇게 대답했다. 쇼핑하는 것도 귀찮은데 이것저것 작성해야 하는 포인트 카드 만들기는 A군에게 달가운 것이 아닌 번거로운 일일 뿐이다. 결국 A군의 손에 이끌려 여자 친구는 가게를 나섰다. 이와 같은 상황이 아주 오래 전 일처럼 느껴지겠지만 사실은 불과 몇 년 전의 일이다.

항공사, 대형 할인점, 주유소, 화장품 판매점, 호텔, 백화점, 홈쇼핑, 스포츠센터…… 보너스 카드를 발급하지 않는 유통 업체를 찾기가 어려울 지경이다. 보너스 카드는 카드 발급기의 가격이 비약적으로 저렴해지고, 고객 정보 관리 인프라가 대중화되면서 모든 유통 업체에서 자사 고객의 로열티를 확보하기 위한 수단으로 활용되고 있다. 보너스 카드에 마일리지를 쌓으면, 마일리지마다 상응하는 보상을 해 주기 때문에 그러한 보상 때문에라도 해당 고객이 특정 업체를 지속적으로 이용하게 된다는 논리가 숨어 있다. 또한, 보너스 카드는 지갑 속에서 해당 업체를 광고하는 효자 역할을 톡톡히 하니 일석이조, 일석삼조가 보너스 카드가 아닐 수 없다.

보너스 카드는 일단 만들기만 하면 해당 유통 업체에 고객을 연결해 줄 수 있기 때문에 업체마다 보너스 카드 고객 유치에 열을 올린다. 그 결과 고객은 여러 군데에서 카드를 만들라고 성화를 하기 때문에 카드를 만들 때 해야 할 여러 가지 일에 염증을 느끼고 있는 상황이다. 보너스 카드를 만들라고 하면 먼저 도망가는 고객조차 있을 정도이다. 보너스 카드를 만들지 않는 고객에게 왜 카드를 만들지 않느냐고 물어 보았더니, 의미 있는 일부 고객은 카드 만드는 것이 번거롭고 귀찮은 데다 시간이 많이 걸리기 때문이라고 응답했다. 번거로운 것을 자꾸 시키는 업체 때문에 짜증이 나서 다시 오고 싶지 않다고 응답한 고객조차 있었다. 카드 발급을 위해서 고객 정보 등록은 분명히 필요하다. 하지만 고객 정보를 등록하는 데 시간이 걸려 고객이 카드 발급을 꺼려한다.

보너스 카드 발급 시 번거로움과 발급 시간을 없애기 위해서는 시스템이 복잡하지 않으면서 스스로 동작하고, 보너스 카드 마일리지 부여를 위한 고객 정보를 등록할 수 있으면서도 번거로움과 발급 소요 시간이 필요 없는 이상적인 해결안 'X' 가 필요하다.

우리는 이미 그 이상적인 해결안 'X'를 알고 있다. 요즘의 포인트 카드는 고객이 카드 신청서에 사인만 하면 바로 카드를 발급하고 있기 때문이다. 지금의 고객은 보너스 카드를 만들 때 이름, 전화번호, 사인만 한 번 하면 번거로움 없이 카드를 만들 수 있다.

이 원리는 기획자, 개발자들이 잊고 있는 고객의 니즈를 되살리는 키워드이다. 포인트 카드를 만드는 데 오랜 시간 공들일 만큼 한가한 시대가 아니다. 그냥 카드를 나눠 줘도 외면할 수 있을 정도로 바쁜 시대에 살고 있는 사람들에게 옛날처럼 며칠 동안 기다려야 나오는 포인트 카드로 고객을 사로잡을 수는 없다.

이처럼 너무나 당연한 것은 때로는 발견하기가 어렵다.

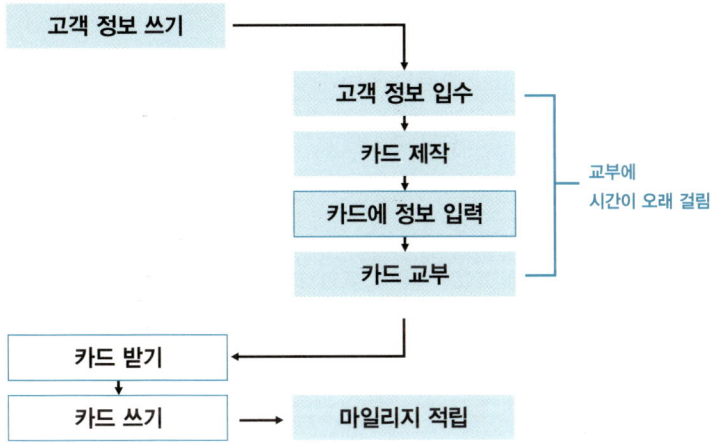

예전의 마일리지 카드 교부 절차

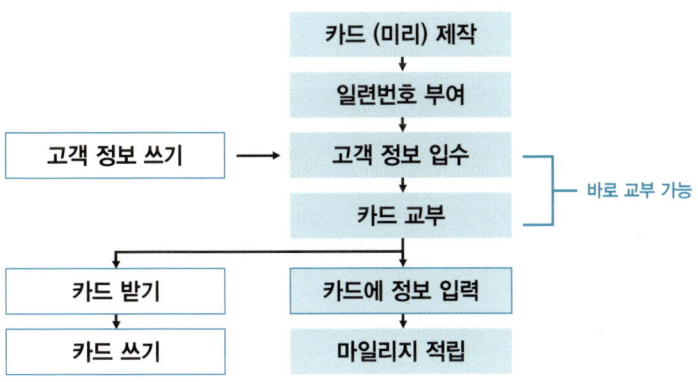

최근 마일리지 교부 절차

원리 21. 가속화 | 145

>> 원리 길라잡이 21. [가속화]

관심 시스템/대상_____이 기능/작업 도중 파괴되거나 위험한 상황을 만들거나 혹은 대상이 위험해지거나 번거롭거나, 대상을 처리하는 시간이 오래 걸린다면,

◆ 해당 시스템/대상을 처리하는 작업이나 대상에 가하는 에너지/작용/장/절차를 가능한 한 빨리 수행한다면?

새롭게 만들어진 나의 아이디어 :

원리 22. 전화위복
단점을 장점으로 승화시킨다면?

"아, 또 실패다."

1970년 3M의 회사원이었던 스펜서 실버는 강력 접착제를 개발하기 위해 애쓰고 있었지만 결과는 항상 좋지 않았다. 이번에 만든 접착제는 기존의 것보다 더 접착력이 약했다. 그런데 이번 실험에서 끈적거리지 않는 특이점을 발견하였다. 스펜서 실버는 실험 실패의 좌절감이 몰려왔지만 이 끈적거리지 않는 특이점을 사장시키지 않고 세미나에서 보고했다.

4년 뒤, 같은 연구소 직원이었던 아서 프라이는 교회 성가대가 끝나면 책갈피처럼 노래 책에 종이를 끼워 넣어 다음에 연습해야 할 노래들을 체크해 두곤 했다. 하지만 그것은 좋은 방법이 아니었다. 끼워 넣었던 종이가 자꾸 빠져 버렸기 때문이다. 불편함을 느끼고 있던 아서의 머릿속에 스치듯 아이디어가 떠올랐다.

'스펜서가 강력 접착제를 만들다가 실패한 것을 보완해서 붙였다 떼었다 할 수 있는 책갈피를 만들면 어떨까?'

이 생각은 곧 새로운 제품을 만들기 위한 연구로 이어졌고, 노력 끝에 포스트잇이 탄생하였다. 처음에는 사람들의 인식이 부족하여 시장에서 외면당했지만 아서는 포기하지 않았다. 미국 전역에 있는 500대 기업의 비서들에게 견본품을 보내 사용하게 한 결과 비서들의 주문이 쇄도하기 시작한 것이다. 실패가 성공으로 바뀌는 순간이었다.

이처럼 실패가 성공이 되는 것, 단점을 장점으로 만드는 것, 유해한 것을 유익한 것으로 바꾸는 것이 전화위복의 원리다. 트리즈의 창시자 알트슐러의 일화에도 이 생각이 깃들어 있다. 사상범으로 몰려 시베리아 굴락 형무소에 갇힌 트리즈의 창시자 알트슐러는 그 상황에서도 절망하지 않고 오히려 절호의 기회로 삼았다. 당시 시베리아 형무소는 러시아 최고의 지성들을 모아 놓은 곳, 이곳에서 그는 러시아 각 분야 최고의 석학들에게 무료로 개인 교습을 받았다.

우리는 생각한다. '쓰레기는 불결하다.', '쓰레기는 그냥 버리는 거다.'라고. 그러나 쓰레기는 불필요한 것이 아니다. 이것도 훌륭한 자원으로 바꿔 쓸 수 있다. 이런 생각이 바로 전화위복의 생각이다. 모두가 싫어하고 기피하는 것을 역이용하여 자기 자신에게, 혹은 다른 이에게 유익하게 변환시키는 활동이 전화위복이다.

그럼 지금 당장 펜을 들어 적어 보고 생각해 보자. '현 상황에서 내게 가장 유해한 것은 무엇이고 그것을 유용하게 바꿀 방법은 무엇인가?'

엿볼 생각은 하지도 마라

우리는 텔레비전을 고를 때 LCD의 시야각이 넓은 것을 선호한다. 그래서 대부분의 연구원들은 '어떻게 하면 시야각을 넓힐 수 있을까.'에 연구 초점을 맞춘다. 그런데 시야각을 넓히려는 시도가 아닌 조금만 비껴 보아도 화면이 보이지 않도록 하는 연구가 진행되고 있다. 이것은 기존의 LCD가 시야각이 좁아서 불편한 것을 더 극대화시키는 작업이다.

왜 이런 연구가 진행되는 것일까? 언젠가 신문 기사에서 본 어느 여대생의 인터뷰 내용을 보면 그 이유를 알 수 있다.

"지하철을 타고 가면서 문자를 보낼 때 옆에 있는 사람이 자꾸 훔쳐보는 것 같아 기분 나쁠 때가 있어요."

이 불편을 해소할 연구가 진행되고 있는 것을 보니, 또 엿보기 방지용 필름이 시중에 판매되는 것을 보니, 이런 경험을 해 본 사람이 그 여대생 말고도 많이 있는 것 같다.

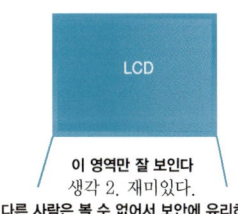

LCD 시야각은 화면이 보이지 않도록 하는 연구가 진행되고 있다.

LCD의 시야각은 기존의 기술이나 원리의 단점을 역으로 부각시켜서, 그러한 특성이 새로운 요구에 맞게 적용한 사례이다. 이처럼 단점을 버리지 않고 오히려 단점을 장점으로 활용할 수 있다.

물속에서 이보다 더 빠를 수는 없다?

현재 잠수함을 찾아내는 일반적인 방법은 '소리'이다. '소리'는 잠수함이 바닷속에서 길을 찾을 때 가장 필수적인 방법이기도 하다. 잠수함이 깊은 바다에서 방향을 잡을 때 사용하는 방법이기도 한 '소리'가 사실 잠수함을 찾아낼 때 쓰는 방법이기도 하다.

잠수함에서 나는 소음원 중 대표적인 것이 프로펠러다. 잠수함이 움직이려면 프로펠러를 움직여야 하기 때문에 소음이 나올 수밖에 없다. 수중 음향 분석 전문가들은 프로펠러 소리만 듣고도 그 잠수함에 대한 정보를 모두 얻어 낸다.

그럼 프로펠러가 돌 때 소음이 나지 않도록 하면 되지 않을까? 그러나 프로펠러가 돌 때 주위에 생기는 공기방울 때문에 소음을 없애는 것이 쉽지 않다.

이처럼 잠수함이 추진력을 발생하기 위해 프로펠러를 돌릴 때 생기는 공기방울은 소리를 일으키는 주요 원인이었기에 수중 무기 체계 연구원들에게는 유해한 것의 대명사였다. 지금도 잠수함을 찾아내는 유일한 방법이 소리이기 때문이다. 그래서 연구원들은 공기방울로 인해 발생하는 소리를 없애기 위해 모든 역량을 쏟았다.

그런데 재미있게도 몇 명의 러시아 과학자들은 잠수함의 골칫거리인 공기방울을 이용해 혁신적인 '초고속 어뢰'를 만들었다.

어뢰는 적의 잠수함이나 군함을 공격할 때 쓰는 무기이다. 물속에서 움직이는 어뢰는 물 밖의 미사일이나 함포보다 훨씬 느리다. 잠수함이 어뢰를 피하는 장면이 영화 속에 종종 등장하는 이유가 바로 어뢰의 느린 속도 때문이다.

그런데 프로펠러 주위에 생기는 공기방울을 이용해 느린 속도 문제를 해결한 초고속 어뢰가 등장하였다.

이 어뢰가 바로 '쉬발크(shkval)'이다. 속도가 일반 어뢰에 비해 6배나 빠르다. 유체역학의 제반 법칙을 몽땅 무시한 속도이다. 그래서 최초에 개발했을 때에는 아무도 이 기술을 믿지 않았다.

쉬크발 속도의 비밀은 어뢰의 추진 방식에 있다. 일반 어뢰는 추진 가스를 100% 진행 방향의 반대로 분출시키는데 쉬크발은 10%는 앞쪽으로 분출시켜 물을 밀어낸다. 눈치 챘겠지만 놀라운 속도의 열쇠는 역으로 분사되는 앞쪽의 가스가 쥐고 있다. 진행 방향으로 분출되는 10%의 가스가 앞쪽의 물을 밀어내 프로펠러가 돌 때 주위에 공기방울이 생기는 공동현상을 일으킨다.

이 어뢰의 표적이 된다면, 배나 잠수함은 사실상 피할 방도가 없다. 가능한 방어 방법은 요행으로라도 이 어뢰에 맞기를 바라며 대항하는 어뢰를 쏘아 주는 것뿐이다. 설사 명중된다 하더라도 쉬크발의 속도가 워낙 빨라 선체 근처에 커다란 충격을 받으니 침몰을 피하기는 어렵다.

세계 곳곳의 무기체계 연구원들이 적에게 많은 정보를 노출시키는 잠수함의 공동현상을 없애기 위해 온갖 방법을 찾아 혈안이 되어 있을 때, 러시아의 과학자들은 수비에서 단점이 될 수 있는 공동현상을 공격에서 장점이 될 수 있게 어뢰에 적용시켰다.

이제 미운 오리 새끼처럼 구박을 받는 유해한 요소나 특성이 있다면, 그것의 특성을 장점으로 바꿀 기막힌 이용 방법이 어디에 있는지 꼭 생각해 봐야겠다는 생각이 드는가? 그렇다면 좀 더 구체적으로 '대상의 주요한 유해 특성을 다른 해로운 특성과 결합시켜 제거한다면? 유해한 절차를 유익한 효과를 얻는 데 활용한다면? 유해한 장을 제거하는 대신 극대화시켜서 유용한 작용을 얻거나 새로운 응용 분야를 찾을 수 있을까?'와 같은 질문을 던져 보자. 그리고 떠오른 생각을 실행에 옮겨 보자.

〉〉 원리 길라잡이 22. [전화위복]

유익한 기능＿＿＿＿＿＿＿＿을 신규 도입/수행/유지/향상시키고,

유익한 기능＿＿＿＿＿＿＿＿＿을 달성하고자 할 때

관심 시스템/대상＿＿＿＿＿＿＿＿＿에 포함된

◆ 해당 요소/물질의 모든 부분이 최대 성능으로 계속해서 작동한다면?

◆ 해당 요소/물질의 가장 유해한 작용을 조금이라도 유익한 방향으로 변화시켜 본다면?

◆ 해당 요소/물질의 유해한 특성을(특히 환경이나 주위의 유해한 특성) 유익한 효과를 얻는 데 활용한다면?

◆ 해당 요소/물질의 주요한 유해한 특성을 다른 해로운 특성과 결합시켜 제거한다면?

◆ 해당 요소/물질의 유해한 특성을 제거하는 대신 극대화시켜서 유용한 작용을 얻거나 새로운 응용 분야를 찾아 본다면?

◆ 해당 유해한 에너지/장의 영향을 조금이라도 유익한 방향으로 변화시켜 본다면?

◆ 해당 유해한 에너지/장을 유익한 효과를 얻는 데 활용한다면?

◆ 해당 유해한 에너지/장이나 작용을 다른 해로운 장이나 작용과 결합시켜 제거한다면?

◆ 해당 유해한 에너지/장을 제거하는 대신 극대화시켜서 유용한 작용을 얻거나 새로운 응용 분야를 찾아 본다면?

◆ 해당 유해 절차의 영향을 조금이라도 유익한 방향으로 변화시켜 본다면?

◆ 해당 유해 절차를 유익한 효과를 얻는 데 활용한다면?

◆ 해당 유해 절차를 다른 해로운 요소/장/절차의 작용과 결합시켜 제거한다면?

◆ 해당 유해 절차를 제거하는 대신 극대화시켜서 유용한 작용을 얻거나 새로운 응용 분야를 찾아 본다면?

새롭게 만들어진 나의 아이디어 :

원리 23. 피드백
반응을 보인다면?

"38도 2부잖아? 계속 열이 오르네. 아무래도 병원에 가야겠다."

엄마는 초등학생 민지의 겨드랑이에서 체온계를 빼내며 말했다. 두 시간 만에 37도에서 1도 이상 올랐다. 체온계로 열을 재기 전 이마에 손을 올려 보았을 때는 이렇게 많이 열이 나는지 몰랐는데 체온계에 나타난 수치를 보고 민지의 몸 상태를 정확하게 알게 된 것이다. 체온계는 민지의 상태를 알 수 있게 해 상황에 대처할 수 있게 하는 도구였다.

피드백(feedback)은 사용자의 불편을 알아 이 내용을 다시 처음 시스템에 도입하는 것을 말한다. 좀 더 일반화하여 정리하면, 처음에 관심을 가진 시스템의 결과로 발생하는 기능, 작용, 특성 등을 검토하고 고려해서 다시 처음의 관심 시스템에 활용하는 활동이다.

냄새가 없는(특성) 부탄가스(대상)의 위험성을 검토하고 고려해 부탄가스에 미량의 냄새 물질을 첨가하여 가스가 누출되면 사용자가 후각적으로 알아챌 수 있게 한 것이 이에 해당한다. 누출되면 큰 사고로 이어질 수 있는 부탄가스에 미리 즉각적으로 알아차릴 수 있는 장치를 해 두는 것은 가치 있는 기술 시스템을 만들 때 필수 상식이다.

알아야 실수를 줄인다?

이제는 휴대전화나 CID 전화기 등이 등장해 내가 누른 전화번호를 볼 수 있는 것이 당연한 세상이 되었지만 애초에 나왔던 전화나 휴대전화는 내가 무슨 번호를 눌렀는지 알 방도가 없었다. 그냥 전화기는 번호를 누를 때마다 음의 높낮이가 달라 번호 한 자 한 자는 무엇을 누르고 있는지 알 수 있지만 전체 번호는 내가 잘 눌렀는지 확인할 방법이 없어 전화를 잘못 거는 경우가 수두룩했다.

제법 근대까지는 전화기를 사용하는 사람이 많지 않았기 때문에 전화번호는 몇 자만 누르면 되었다. 그리고 이때는 내가 누른 번호가 자명하니 굳이 볼 이유가 없었다. 10개 이상 숫자를 눌러야 하는 현대의 휴대 전화는 내가 무슨 번호를 눌렀는지 '보여 주지(F/B)' 않는다면, 전화를 잘못 거는 사례가 수없이 발생할 것이다. 그냥 잘못 거는 것으로 끝나는 것이 아니라 내가 원하지 않은 곳에 건 전화요금까지 부담하면서 말이다.

지금의 전화기는 이런 불편 사항을 본래의 시스템인 전화기에 단지 '자신이 누른 번호를 보여 준다.'라는 것을 도입하여 고객의 만족도를 높였다. 잘못 걸어서 전화를 받은 상대방과의 어색함을 견뎌야 하는 것만이 아니라 잘못 걸어서 나오는 통화료까지 부담해야 하는 실수가 줄어든 것이다.

과거 전화기는 내가 누른 전화번호를 알 수 없었으나 현대의 전화기는 누른 전화번호를 확인할 수 있다.

받은 것이 있다면 받은 것을 보여 주고, 어떤 작업을 행한다면 그 작업이 진행된 진도를 보여 주는 것. 내가 한 일이 있다면 무슨 일을 했는지, 내가 입력을 했다면 무엇을 입력했는지 즉각적으로 보여 주는 것. 이러한 것들은 어떤 기능이 수행되도록 하는 것에 비하면 매우 쉬운 일이다. 쉽기 때문에 개발자들이 이 부분을 한 번씩 까맣게 잊어버리는 것인지도 모르겠다.

이것은 너무나 쉽고 사소한 일이기 때문에 깜빡 잊어버리면 무엇 때문에 고객이 불만을 가지는지 개발자의 입장에서는 전혀 이해할 수가 없다. 개발자들은 피드백이 황금률이란 것을 반드시 기억해 두어야 한다. 작지만 큰 만족은 피드백의 도입에서 나오는 경우가 많다는 것을. 고객이 뚜렷하게 불만을 제시하지 못한다면 기기의 상태에 피드백을 도입해 본다면 의외의 성과를 얻을 수 있다.

대형 마트의 주차 유도 시스템의 경우 해당 층에 몇 개의 빈자리가 있는지 피드백을 하여 표시해 주는 곳이 있다. 이것은 주차하는 고객에게 가치 있는 정보를 제공한다. 이외에도 자동차 주행 중 순간의 연비를 표시해 주는 계기 등 현대에 와서는 직접적인 작용을 하지 않고 피드백만을 활용하여 가치를 창출하는 경우가 많다.

좀 더 소프트한 제품, 시스템에도 가치를 부여하는 경향은 계속될 것이며 미래에는 이러한 경향이 더욱 강화될 것으로 보인다.

>> 원리 길라잡이 23. [피드백]

유익한 기능_____을 신규 도입/수행/유지/향상시키고,

유해한 영향_____을 제거하기 위해

관심 시스템/대상_____에 포함된

◆ 해당 요소/물질에 피드백이 없다면 피드백을 도입한다면?
◆ 해당 요소/물질 내부에서 외부로의 피드백이 없다면 도입한다면?
◆ 해당 요소/물질 외부에서 내부로의 피드백이 없다면 도입한다면?
◆ 양방향의 피드백을 모두 도입한다면?
◆ 피드백이 이미 존재하면 피드백의 정도나 영향을 끼치는 범위를 변화시킨다면?
◆ 해당 요소/물질 내부/외부로의 피드백을 원활하게 한다면?
◆ 해당 요소/물질 내부/외부의 피드백이 서로 결합하여 상호작용하게 하거나, 새로운 가치를 창출하도록 만든다면?
◆ 피드백을 인간이 받아들일 수 있는 감각인 시각, 청각, 촉각, 미각, 후각, 기타 감각 등으로 다양화시킨다면?
◆ 시각적인 피드백의 가장 간단한 방법으로 해당 시스템을 '투명'하게 만든다면?
◆ 한 가지 피드백만을 주었다면 다른 종류의 피드백과 결합하여 활용한다면?

새롭게 만들어진 나의 아이디어 :

원리 24. 매개자
중매쟁이를 이용한다면?

"엄마한테 또 얘기해 달라고?"

초등학생인 민승이는 어려울 때마다 자신에게 부탁하는 형들이 점점 부담스럽다. 하지만 큰형의 부탁이라 거절할 수 없는 어떤 기를 느낀다. "그럼 이번이 마지막이다?"라는 말을 떼기가 무섭게 민승이는 엄마에게 달려간다.

외식을 하고 싶은 민승이의 고등학생 친형들이 삼형제 중 막내인 민승이를 시켜 엄마를 조르게 하는 중이다. 자신들이 말하면 거절당할 것을 알고 귀여운 막내를 설득해 맛있는 저녁을 먹고 싶은 것이다.

어떤 대상들 사이에서 대상들 간의 물질이나 정보, 에너지의 교환을 원활하게 해 주는 것이 매개자이다. 그러니까 삼형제 중에 막내인 민승이는 가족의 사랑을 한몸에 받고 있으므로 형들과 부모님 사이의 관계에서 윤활유 같은 역할을 하는 매개자이다.

매개자의 도입은 추가적인 물질의 도입에 해당되므로 확실한 효과가 있지 않다면 오히려 해를 끼칠 수도 있다. 따라서 매개자를 도입할 때는 가장 해가 적을 수 있도록 기능성 내비, 매개자 도입 시의 가격이나 공간, 비용 등이 적은 것을 골라서 도입하는 지혜가 필요하다.

인쇄술의 역사를 바꾼 매개체

현재 인쇄되는 책과 신문들은 오프셋 인쇄를 한다. 지금 당신이 읽고 있는 이 책 또한 오프셋 인쇄를 이용하여 제작되었다. 오프셋 인쇄 기술은 뉴욕에서 석판인쇄소를 경영하던 변호사 루벨(Ira Washington Rubel, 1846-1908)이 1904년경에 발명하였다.

오프셋 인쇄가 발명된 것은 순전히 우연이었다. 루벨의 인쇄소에서 일하던 한 소년 견습공이 석판인쇄 기계에 종이를 넣던 중 실수를 하였다. 인쇄기는 돌아가는데 미처 종이 한 장을 넣지 못한 것이다. 황급히 다음번 종이를 넣었다. 그런데 종이의 뒷면에 인쇄되어 나오는 이미지가 원래의 이미지보다 훨씬 선명한 것이 아닌가.

당시의 인쇄기는 인쇄할 내용이 새겨진, 잉크를 묻힌 석판면에 종이가 닿으면 종이의 뒷면에 있는 고무가 잉크가 잘 묻도록 꾹꾹 눌러 주는 식으로 동작했다. 소년이 종이를 한 장 넣지 않는 실수를 했을 때 석판면의 잉크가 그 아래의 고무판에 묻고 말았다. 그 다음 종이가 들어갔을 때에는 고무판에 실수로 묻은 잉크가 인쇄되었다.

흔히 볼 수 있는 인쇄 사고였지만, 이 사고 이미지가 유난히 선명한 것을 루벨은 놓치지 않았다. 루벨 외에도 이런 인쇄 사고를 본 인쇄업자들이 적지 않았을 것이라 확신한다. 그러나 루벨만이 세계 최초로 간접 인쇄 방식인 오프셋 인쇄기를 제작했다.

당시의 인쇄 기술자들은 석판면의 잉크가 마르기 전에 최대한 빨리 종이에 닿게 해야 선명하게 찍힐 것이라고 믿었다. 그래서 매개체 없이 그냥 종이에 이미지를 찍었던 것이다. 다른 매개체를 활용하면 인쇄가 더욱 선명해질 수 있다는 점을 착안한 이는 루벨 이전에는 없었다. 오프셋 인쇄기와 기존의 인쇄 기술인 석판인쇄의 차이점은 단 한 가지, 바로 중간에 있는 고무 압판뿐이었다. 이 고무 압판이 바로 '매개자'인 셈이다.

언뜻 생각하기엔 직접인쇄가 간접인쇄보다 더 선명한 이미지를 만들 것 같지만 실상은 그 반대다. 오프셋 인쇄는 부드러운 고무 압판에 옮겨진 글자나 그림이 종이에 인쇄되므로, 종이 표면의 미세하게 높고 낮은 굴곡에 부드러운 고무면의 탄성이 적응하여 골고루 부드럽게 인쇄된다. 인쇄술이 발명된 이래로, 인쇄업자들이 두고두고 골치 아파한 문제 중 하나는 활자에 묻은 잉크, 혹은 석판상의 이미지가 최종 미디어, 일반적으로는 종이에 균일하게 전달되지 않는다는 것이었다. 종이가 좋지 않은 경우에도 이런 일이 일어나고, 그날그날의 온도와 습도에 따라서도 불균일이 발생하며, 당연히 기기의 상태, 잉크의 조성도 큰 영향을 끼쳤다. 이러니 인쇄란 까다롭기 짝이 없는 기술이었다.

2% 부족한 인쇄 품질은 인쇄된 면이 종이와 완벽하게 균일하게 접촉하지 못한다는 점에 있었고, 이것을 보완하기 위해 종이의 뒷면에서 종이와 인쇄 면이 잘 만나도록 해 주는 고무 압판이 도입되었던 것이다.

그런데 이런 기계가 나오던 시점까지도, 어느 누구도 고무 압판 자체에 이미지를 전사한 후 그것을 종이에 전사하면 더 좋은 이미지가 나온다는 것을 상상한 사람이 없었던 듯하다. 왜냐하면 당대의 기술 수준으로 기구 설계를 할 때 이 점을 반영하여 충분히 만들 수 있는 상황이었기 때문이다. 군소 인쇄소 업주의 이 사소한 발견은 그 이후로 인쇄기의 구조에 대한 상식을 완전히 바꿔 놓았다.

요즘은 잡지, 신문, 교과서, 광고물 등 대부분의 인쇄물이 오프셋 인쇄 방

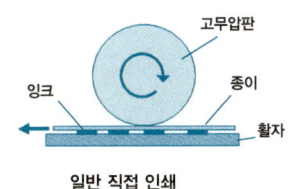

일반 직접 인쇄

고무압판을 매개자로 하는 간접 (off set)인쇄

식을 이용하여 제작한다.

여기에서 감각 있는 사람이라면 이런 질문을 할 수 있다. "그럼 다음 세대의 인쇄기는 어떻게 진화할까?" 한 가지 시나리오를 제시해 보겠다.

매개자의 도입으로 도약한 시스템은 다음번 도약 시에는 이 매개자를 제거하고도 동일한 효과를 얻는 방향으로 진화되는 경우가 적지 않다. 고무 압판이 없는 직접인쇄, 그러나 고무가 있는 것과 동일한 인쇄 품질을 가지는 프린터가 다음번 세대의 인쇄 시스템이 될 것이다.

이런 시스템은 무슨 장점이 있을까? 시스템이 간소해질 것이니 집 안이라면 공간을 아낄 수 있을 것이고 휴대성도 높을 것이다. 이것은 한 가지 시나리오이다. 그렇지만 가능성이 매우 높은 시나리오이다. 멀지 않은 미래의 어느 날 이런 프린터를 우리는 자연스럽게 사용하고 있을 것이 분명하다.

이 원리는 원래 시스템을 그대로 동작시킬 경우, 회피할 수 없는 악영향을 줄여 주거나 아예 없앨 때에 유용하게 활용된다. 단, 앞에서도 언급한 것처럼 추가적인 자원을 활용하는 만큼 투입 자원 대비 효과가 최대화되도록, 기능성이 동일한 수준이라면 저렴하거나 도입이 용이한 것을 고르는 매개자를 도입하는 지혜가 필요하다.

의외로 매개자를 도입하는 경우, 일반적인 생각과 달리 효율이 혁신적으로 높아지는 예가 빈번하니 효율을 극대화시키고자 하거나 리드타임(lead time)을 줄이는 것과 같은 분야에도 활용을 적극 검토해 보자.

〉〉 원리 길라잡이 24. [매개자]

유익한 기능_____을 신규 도입/수행/유지/향상시키고,

유해한 영향_____을 제거하기 위해

관심 시스템/대상_____의 전부/일부를

◆ 유해 작용을 차단할 수 있는 매개자를 도입한다면?
◆ 유익한 작용을 손쉽게 얻을 수 있도록 매개자를 도입한다면?
◆ 쉽게 제거할 수 있는 대상을 원래의 것에 임시로 부착한다면?
◆ 매개자 외에 매개가 되는 장을 도입한다면?
◆ 매개자와 매개장을 결합하여 도입한다면?
◆ 매개물, 장 외의 정보를 도입한다면?
◆ 에너지/장에 의해 저절로 생기는 매개물을 도입한다면?
◆ 매개물이 스스로 생성하는 에너지/장을 도입한다면?

새롭게 만들어진 나의 아이디어 :

원리 25. 자가발전
저절로 되게 하라

지금은 기능보다 소설에 엉큼한 장면이 등장하면서 옛날 사람들의 애정 행각 장소로 더 잘 알려진 물레방앗간. 그곳에 있는 물레방아에는 저절로 되게 하는 원리가 숨어 있다. 위에서 아래로 떨어지는 물의 힘을 이용해 물레방아를 돌게 하고, 그 힘을 이용해 곡식을 빻았다. 옛날 사람들은 저절로 돌아가는 물레방아 덕분에 힘들이지 않고 곡식을 빻을 수 있었다.

이처럼 어떤 의도를 이루기 위해 자연의 힘을 교묘하게 이용해야 하는데, 이 과정에서 굳이 어떤 작용을 의도하지 않더라도 주변의 조건에 의해 기능이 수행된다면 인간의 입장에서는 수고를 덜게 된다. 마치 '저절로' 이루어지는 것처럼 보일 것이다.

'무위이화'라는 사자성어가 있다. 이 말은 ① 애써 공들이지 않아도 스스로 변화하여 잘 이루어짐. ② 성인의 덕이 크면 클수록 백성들이 스스로 따라나서 잘 감화됨 등의 뜻을 지닌다. 이상적인 기술도 마찬가지이다. 고전 트리즈에서는 이상적 기술로 '시스템은 존재하지 않으나 시스템의 기능은 존재하는' 그런 시스템을 꼽는다. 도교의 사상가들이 설파했던 무위이화의 경지가 그것에 가장 가깝다.

무엇이건 저절로 되게 하는 것, 갖고 있는 물질이나 장의 속성을 모두 활용하는 것이 새로운 장이나 물질을 새로 도입하지 않고 원하는 기능을 수행할 때 제일 처음에 고려할 사항이다.

저절로 필름을 꺼내는 법

오일 컨트롤 필름은 여성들이 화장을 고칠 때 사용하는 소품으로 피부의 과도한 피지를 흡수하는 것이 기본 기능이다. 국내에서는 각 화장품 회사가 3M 사의 오일 컨트롤 필름을 수입하여 자사 상표를 부착하여 판매하고 있다. 최근에는 화장하는 여성뿐만 아니라 피지가 많은 남성들의 수요도 급증하고 있으며 수분은 남겨두고 더러운 피지만 제거하는 상품은 일반 제품 대비 두 배 이상의 가격임에도 150만 개의 판매고를 예상할 정도로 오일컨트롤 필름은 인기다.

이 필름이 공전의 히트를 기록한 이유 중 하나는 피지가 묻은 부위의 색깔이 아주 선명하게 변해서(피드백 원리, 광학특성변화의 원리) 사용자에게 현재 피지가 처리된 상태를 잘 알게 해 주기 때문이다.

이전의 오일 컨트롤 필름은 부직포 재질이라 피지가 묻은 부위가 잘 보이지 않았고, 그래서 잘 닦였는지 어떤지를 확인하려면 반드시 거울을 봐야 했다. 하지만 이 필름은 피지가 닿는 순간 투명하고 진한 푸른색으로 변하기 때문에 피지 제거 여부를 쉽게 확인할 수 있다. 게다가 부직포 재질은 피부에 닿을 때 느낌이 좀 껄끄러운 편인데, 피지 컨트롤 필름은 워낙 부드럽고 얇아서 피부에 닿는 감촉 또한 부드럽다. 이처럼 여성의 눈에 드는 인기 상품은 그럴 만한 이유가 있다.

그런데 이 오일 컨트롤 필름도 바람직하지 않은 점이 하나는 있었다. 바로 두께가 매우 얇아서 맨손으로 꺼내기가 매우 어려웠다. 이 상황을 모순어법으로 표현해 보면 다음과 같다.

- 모순 상태 0 : 만약 (A)기존의 부직포 재질을 사용한다면,
  (B)꺼내는 불편함은 적어 바람직하나,
  (C)얼굴의 피지를 효과적으로 제거하기 어렵고 확인도 어려워 바람직하지 않다.
- 모순 상태 1 : 만약 (−A)새로운 필름을 사용하면,
  (C)얼굴의 피지를 효과적으로 제거할 수 있고 확인도 용이하여 바람직하나,
  (B)얇은 필름을 한 장씩 꺼내는 것이 어려워 바람직하지 않다.

가장 이상적인 방법은 오일 컨트롤 필름을 꺼내 사용할 때 번거롭지 않게 ('모순 상태 1'에 해당) 사용하는 것이다. 번거롭지 않다는 의미는 그냥 자연스럽게, 저절로 필름이 꺼내지는 상태를 의미한다. 대다수의 여성은 이 상황을 타개한 해답을 알고 있다. 이미 3M에서는 이러한 불편함을 내다보고 피지 제거 필름을 꺼내는 과정에서 '스스로' 필름이 딸려 올라가도록 디자인을 해 놓은 것이다.

필자가 오일 컨트롤 필름을 처음 사용했을 때에는 이런 장치가 있다는 것을 모르고 그냥 손으로 필름을 들어 올리려고 하다가 오랜 시간 고생을 한 경험이 있다. 다른 사람이 필름 용기의 뚜껑에 있는 양면테이프를 활용해서 필름을 꺼내는 것을 보고서야 부랴부랴 필름 용기의 뚜껑을 다시 열어 봤으니, 창피하기가 이루 말할 수 없었다.

제품이 막 나온 초기에는 개발자는 필름을 들어 올리는 것이 불편하다고는 꿈에도 생각하지 못했을 것이다. 이 제품을 고객에게 써보게 한 후, "이것을 떼기가 너무 불편하다."는 이야기를 듣기 전까지는 해당 제품의 '기본 기능'

외에는 아무것도 생각하지 못했다. 고객의 불평을 듣고 난 이후에야 꼭 필요한 '필수 부가 기능'으로 필름을 한 장씩 잘 분리되도록 하고 들어 올리는 방법을 고민하기 시작했다.

제조사가 선택한 방법은 피지 제거 필름이 들어 있는 종이 케이스의 뚜껑에 접착력이 낮은 양면테이프를 붙여놓는 방식이다. 케이스를 닫으면 자동적으로 피지 제거 필름이 양면테이프에 밀착해서 붙게 된다. 그리고 피지 제거 필름이 필요해서 케이스를 여는 순간, 미리 붙어 있던 피지 제거 필름이 한 장씩(때로 정전기 때문에 두 장 이상씩 한꺼번에 올라오는 경우도 있긴 하지만) 간편하게 올라온다.

제품을 사용하기 위해 자연스럽게 수행될 과정이나 절차에 다른 주요한 기능을 결합하여 스스로 원하는 기능이 구현된 사례이다. 이 사례는 제품에 적용된 사례라고도 할 수 있고, 제품을 활용하는 사용자 경험(user scenario) 절차에 적용된 사례라고도 할 수 있다.

노래하는 아스팔트?

"찍혔다."

여름휴가를 맞아 여자 친구와 강원도로 여행을 떠난 회사원 A씨가 단속카메라를 발견하고 자동차의 속력을 급하게 줄이면서 내뱉은 말이다. 보름 뒤 회사원 A씨의 집으로 어김없이 속도위반 딱지가 날아들었다.

속도위반 딱지에 의한 벌금이라면 차라리 다행이다. 단속카메라를 발견했을 때 무리하게 속도를 줄이다가 사고가 나는 경우도 있을 테니까. 이처럼 단속카메라는 큰 사고를 막기 위해 오히려 사고의 위험을 높이는 결과를 초

래할 수도 있다. 단속카메라 구간 전에 안내판을 둘 수도 있으나, 시계가 불량한 경우 눈에 띄지 않는 단점이 있다.

이런 경우를 대비해 안내 음성이나 안내 음향을 쓸 수도 있다. 하지만 안내 음성이나 음향을 차량들이 들을 수 있도록 내보내기 위해 특정 시스템을 설치하는 것은 번거롭기 짝이 없다. 이 상황을 모순어법으로 표현해 보자. 아마 다음과 같이 표현할 수 있을 것이다.

- 모순 상태 0 : 만약 (A)안내 음성/음향 시스템을 설치하지 않으면,
  (B)시스템의 설치 비용과 유지 보수할 필요가 없어 바람직하나,
  (C)시계 불량 시 차량 속도 감소를 위한 효과적인 수단이 줄어드는 셈이 되어 바람직하지 않다.
- 모순 상태 1 : 만약 (-A)안내 음성/음향 시스템을 설치하면,
  (C)시계 불량 시 차량 속도를 효과적으로 감소시킬 수 있어 바람직하나,
  (B)시스템의 설치 비용과 유지 보수가 어려워 바람직하지 않다.

가장 이상적인 해결안은 안내음성/음향 시스템이 전원 없이 저절로 작동하게 하는 것이다. 아무런 에너지도 사용하지 않고 저절로 음성/음향 시스템이 작동한다면 가장 적은 비용으로 효과를 볼 수 있지 않을까? 그리고 이런 시스템이라면 다른 시스템과 병행하여 설치하더라도 예산에 큰 무리가 가지 않을 것이다. 그런데 이런 시스템이 만들수 있기나 한 걸까?

이런 생각에 대한 대답인 '노래하는 고속도로'가 서울외곽순환도로 시흥 부근에 있다. 이 장소는 서울외곽순환도로 판교 기점 103.2km(경기도 시흥시 금이동 부근) 판교 방향 화물차로(4차로)라고 한다.

이곳은 내리막 곡선 차로로 평소 사고 위험이 많은 지역인데, 이 지점에서

시속 100km로 차량이 달리면 '떴다 떴다 비행기 날아라 날아라'로 시작되는 동요 「비행기」의 멜로디가 차량 밑바닥으로부터 운전자에게 일종의 속도 경고음으로 들리도록 설계되었다. 이런 경고 음성/음향 효과가 나는 데 어떤 에너지원도 필요하지 않다. 그야말로 '저절로' 소리가 나는 것이다. 어떻게 그럴 수 있을까?

원리는 매우 간단하다. 과거 LP판이 소리가 나는 것과 동일한 원리이다. 도로에 간격과 길이를 조정한 홈을 파서 홈과 타이어가 마찰될 때 나는 소리가 노래로 들리게 한 것이다.

일정한 너비의 홈을 얼마의 간격으로 파 놓느냐에 따라 소리의 높낮이가 달라진다. 현재 설치된 도로의 홈의 너비는 2.4cm라고 한다. 이 홈이 10.6cm 간격으로 있다면 '도'음이 나고, 9.5cm라면 '레' 음이 난다. '도' 음이 나는 시간은 홈의 개수에 따라 달라진다.

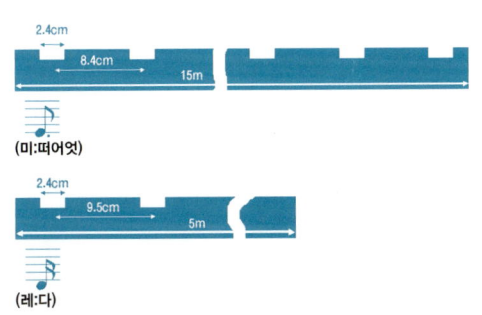

사고 위험을 방지하기 위해 동요 「비행기」의 멜로디가 나오는 도로가 탄생했다. (노래하는 고속도로의 원리)

이 도로에 가는 사람들이라면 시속 100km로 달릴 때 약 12초 정도 들려올 「비행기」 노래를 감상해 보는 것도 재미가 있겠다.

자기발전, 스스로 하라, 저절로 하기, 셀프서비스(self service)라는 발명의 원리는 추가적인 자원을 활용하지 않고 가용 자원만으로 해결안을 만들어 보라는 의미이다. 버려진, 낭비되는 물질과 에너지, 정보 등을 활용하는 것도 추가적인 것을 사용하지 않는다면 저절로 하기의 원리에 해당한다.

하모니카 주전자의 경우, 물이 다 끓었다는 것을 알려 주는 경고음을 부가적인 시스템을 설치하여 만든 것이 아니라 물이 끓으면서 나는 스팀을 활용하였다. 물질의 상태 변화를 이용해서 피드백이 '저절로' 일어나게 만든 것이다.

마트의 카트 정리 시스템도 마찬가지다. 카트 정리를 위해 고객을 관찰한 결과 손님은 돈을 지불하지 않지만 돈을 매개체로 하여(매개물 활용과도 관계된다), 정리를 잘 해야만 카트를 빌릴 때 활용했던 동전을 받을 수 있는 시스템을 구축하였다. 마트는 이렇게 하여 추가적인 인력을 투입하지 않고도 카트를 자동적으로 정리할 수 있었다. 인간이 스스로 움직이도록 하려면 무엇을 활용해야 하는지 힌트를 주는 사례이다.

저절로 되는 자가발전의 원리를 잘 활용하려면 의식하지 않고 거저 활용할 수 있는 관련된 에너지나 물질, 절차 등을 심도 있게 이해해야 한다. 인간을 '스스로' 움직이게 만드는 방법이나 어떤 장을 '스스로', '저절로' 생기게 하는 방법, 어떤 기능을 '신경 쓰지 않고' 수행하는 방법 등을 평소에 미리미리 눈여겨보도록 하자.

》 원리 길라잡이 25. [자가발전]

유익한 기능 _____을 신규 도입/수행/유지/향상시키고,

유해한 영향 _____을 제거하기 위해

관심 시스템/대상 _____에 포함된

◈ 에너지/장/다른 시스템의 개입 없이 '스스로', '저절로' 추가적인 유익한 기능을 수행하고 유해한 영향을 추가적으로 제거한다면?

◈ 현재 폐기되고 있는 요소/물질을 재활용한다면?

◈ 현재 존재하고 있으나 활용되지 않은 물질/모듈을 활용한다면?

◈ 현재 폐기되고 있는 에너지/장을 재활용한다면?

◈ 필요한 요소/물질/장이 '저절로' 생기게 한다면?

◈ 현재 존재하고 있으나 해당 용도로 활용되지 않거나 활용 빈도가 낮은 에너지/장을 활용한다면?

◈ 관심 절차가 장이나 에너지 다른 시스템, 공정이나 절차 개입 없이 '스스로', '저절로', '자연스럽게' 수행한다면?

◈ 현재 존재하고 있으나 해당 용도로 활용되지 않는 물질/모듈/절차/정보 등을 발굴하여 활용한다면?

새롭게 만들어진 나의 아이디어 :

원리 26. Dummy
모조품은 어떨까?

'여기도 짜가, 저기도 짜가, 짜가가 판친다.'

한때 유행했던 신신애의 「세상은 요지경」의 노래 가사 일부분이다. 이 당시에 사람들은 가짜를 짜가라는 말로 많이 썼던 것 같다. 브랜드를 선호했던 시절, 친구가 산 옷이나 신발을 유심히 살피며 "이거 짜가 아니야?"라고 말하며 놀리곤 했던 일들이 생각난다.

지적재산권을 침해하는 이런 모조품을 제작하고 판매하는 행위는 처벌을 받는 것이 마땅한 불법 행위이다. 하지만 문제를 해결할 때 모조품, 즉 dummy를 활용하는 것이 매우 유용할 때가 많다.

올림픽 육상 경기의 결승선, 월드컵 축구 경기의 골라인 선에는 여러 대의 카메라가 촘촘하게 역사적인 순간을 기다리며 지키고 있다. 누가 먼저 골인했느냐, 과연 공이 골라인을 넘었느냐는 일차적으로는 심판과 라인에 있는 센서가 판단하지만, 정교한 룰에 의거한 순위, 골인을 판정할 때 마지막 근거 자료는 초고속 카메라가 찍은 순간의 모조품, 즉 이미지이다. 순간의 행동은 다루기 불편하고 구분도 어렵다. 모조품일망정 해당 순간의 이미지를 남겨두면 보다 정밀하게, 보다 용이하게 순간을 구분할 수 있다. 이렇게 이미지를 활용하는 방법은 반도체의 수율 검사에도 사용된다. 실제로 만들기 힘든 장면을 대신해 주는 컴퓨터 그래픽도 이런 모조품 활용의 원리로 이해할 수 있다.

이름 대신 이미지로 알아본다

'지민이가 손가락으로 카메라를 가리켰던 사진이 어떤 거더라…….' 그림의 파일 리스트에서 한참을 고민하고 있는 주부 A씨. 몇 개 안 되는 동영상이라 열어서 찾아보기 시작한다.

동영상을 나타내는데, 해당 영상의 제일 첫 화면이 프리뷰(preview)로 들어가고, 또 폴더 속의 내용을 섬네일(thumbnail)로 담아둔 것을 보면서 이전의 불편이 새록새록 떠올랐다. 이미지가 많고, 내용이 많다 보니 파일 이름과 내용이 잘 매치되지 않았던 것이 기억난다. 수많은 사진 파일에 이름을 일일이 만들어두기보다는 찍을 때 자동으로 매겨지는 일련번호를 그대로 두다 보니 이름만 보아서는 사진의 내용이나 동영상의 내용 그리고 폴더 내부의 내용이 기억나지 않았던 것도 기억난다.

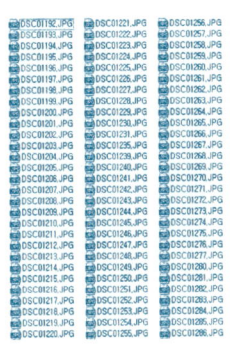

전형적인 파일 표시창

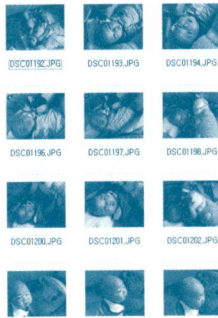

이미지를 이용한 파일 표시창

만약 지금 주부 A씨에게 100개가 넘는 동영상 중에 지민이가 손가락으로 카메라를 가리키는 동영상을 찾으라고 하면 귀찮지 않을까?

프리뷰나 섬네일은 이미지보다 훨씬 크기가 작은 모조품이지만 원래 이미지의 이름표 구실을 하는 데에는 손으로 쓴 파일 이름보다 훨씬 실용적인 매개물이다. 모조품은 이와 같이 실제 원본과의 접근성이 어려울 때 효과적으로 작용한다.

수원역에 가면 수원성을 볼 수 있다. 실제로 한눈에 수원성 전체를 보기 위해서는 헬기를 타고 높은 곳으로 올라가야 하지만 모조품을 이용하면 다양한 각도에서 수원성의 어디에 무엇이 있는지 쉽게 알 수 있다. 모조지만 눈으로 볼 수 있다는 점에서 교육용으로도 유용한 것이 아닐까? 자동차 운전면허 학원의 시뮬레이션 기계처럼 말이다.

보안 카드 번호 입력, 거 참 어렵네

"아니, 이렇게 만들어 놓으면 나 같은 늙은이는 어쩌라는 거야?"

어느 날 필자는 은행 창구에 볼일을 보러 갔다가 우연히 나이 지긋한 영감님께서 은행 창구 직원에게 불평하는 소리를 들었다. 이 영감님의 말씀은 왜 이 은행의 보안 카드는 인터넷 뱅킹하기가 불편하냐는 것이었다.

인터넷 뱅킹 시 공인인증서 외에 은행에서 발행한 보안 카드의 일련번호를 입력하는 방식이 활용되고 있다. 이 방식은 사전에 은행에서 해당 고객 앞으로 발행한 카드 내부에만 존재하는 숫자의 배열로 해당 고객을 인증한다.

영감님의 말씀인즉슨, 보안 카드를 입력하다 보면 번호의 위치가 헷갈려서 잘못 입력하기 일쑤라는 것이다. 그도 그럴 것이 보안상 한 항목에 들어 있는 숫자만 넣으면 되는 것이 아니라 서로 다른 자리에 있는 보안카드의 숫자를 앞의 것과 뒤의 것을 구분해서 넣어야 하기 때문이다.

```
보안카드 [27]번째 번호 앞 2자리 [ ] ● ●    [3]번째 번호 뒤 2자리 [ ] ● ●
                          확인
```
일반적인 보안 카드 입력창

위의 그림은 할아버지의 사례를 들던 전형적인 보안카드의 비밀 번호 입력창의 상황이다. 인터넷 뱅킹을 하려면 반드시 본인 인증이 필수적인 절차이고 또 보안 카드가 반드시 필요하다. 그런데 이 때문에 입력하는 불편함이 심각한 문제로 대두되는 것이다.

- 모순 상태 0 : 만약 (A)보안 카드의 번호를 여러 개 입력한다면,
(B)더 안전한 인증을 행할 수 있어 바람직하지만,
(C)입력할 때 실수하기가(특히 나이 드신 고객) 쉬워 바람직하지 않다.
- 모순 상태 1 : 만약 (-A)보안 카드의 번호를 한 개만 입력한다면
(C)고객의 입력 불편은 적어 바람직하지만,
(B)안전한 인증을 보장할 수 없어 바람직하지 않다.

이 모순을 조금이라도 덜어주는 해답을 은행 창구에서 영감님이 제시하였다. 다른 은행에서는 보안 카드의 생김새 그대로 화면에 띄워 놓고 입력해야 하는 부위를 실제 보안 카드와 대조해서 보기 쉽도록 해 놓았다는 것이다. 보안 카드의 모조품 이미지를 화면에 띄워서 실제 상황과 입력 상황과의 차이를 최소화시킨 것이다.

보안 카드의 모조품인 이미지를 띄우는 방식의 장점은 고객이 어떤 위치에

있는 번호를 입력해야 하는지 직관적으로 한눈에 들어온다는 점이다. 실제 번호가 적혀 있는 환경과 입력하는 환경이 거의 유사하기 때문에 번호를 인지할 때 고객 오류가 감소한다. 인지의 오류가 감소하면 입력 시의 오류도 자연스럽게 감소한다.

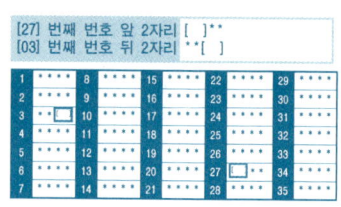

보안 카드의 이미지가 투영된 입력창

물건이나 시스템을 비슷한 것으로 복제할 수 없다면 손해가 큰 경우가 많다. 예를 들어 복사할 수 있는 기계가 없다면 어떻게 될까? 원본을 돌려가며 읽기 위해 엄청난 시간과 노력이 필요할 것이다. 결국 다양한 정보를 공유하지 못할 것이다.

깨지기 쉽거나 다루기 불편한 원본 대신 단순하고 저렴하고 관리가 용이한, 대상의 그림자와 같은 모조품을 사용하면 어떨까? 또 사물 또는 시스템을 이미지로 대체하여 그 이미지를 활용한다거나 실제 현실의 모습과 유사한 형식 그대로 절차를 만들어 활용한다면 어떨까?

>> 원리 길라잡이 26. [Dummy]

유익한 기능_____을 신규 도입/수행/유지/향상시키고,

유해한 영향_____을 제거하기 위해

관심 시스템/대상_____에 포함된

◆ 깨지기 쉽고 다루기 불편한 원본 대신 단순하고 저렴하고 관리가 용이한 대상의 그림자인 모조품, 복제품, 가상 대체물을 사용한다면?

◆ 사물(또는 시스템)을 광학적 이미지나 투영된 이미지로 대체하여 대체된 이미지를 활용하여 작업한다면? (이 경우 이미지를 축소, 확대, 변형, 저장, 관리가 극도로 쉬워진다는 장점이 있다.)

◆ 광학적 이미지를 만들 때 가시광선을 활용하였다면 다른 파장의 빛, 예를 들어 적외선, 자외선, 전파 등을 활용하여 만든 이미지로 대체하거나 이 이미지를 가시광선 이미지와 함께 활용한다면?

◆ 실제 현실의 모습과 유사한 형식 그대로 절차를 만들어 활용한다면?

새롭게 만들어진 나의 아이디어 :

원리 27. 일회용품화
오래 쓰는 것만이
능사는 아니다

보건위생이 낙후된 나라에서는 '저희 병원에서는 한 번 쓴 주사기는 다시 쓰지 않습니다.'와 같은 문구가 있을지도 모르겠다. 병원에서 쓰는 의료기기들은 다음 환자를 위해 깨끗이 소독하거나 아예 매번 새로운 기기를 이용해야 의료사고의 위험을 줄일 수 있기 때문이다.

예전의 어머니들이 아기를 키울 때에는 "오늘 또 기저귀 빨아서 널어야겠네."라는 말을 입에 달고 살았다. 일회용 기저귀가 없었기 때문이다. 지금 우리의 어머니들에게 일회용품 없이 생활하라고 하면 견딜 수 있을까? 일회용 컵, 숟가락, 젓가락, 접시, 그릇, 비누, 카메라, 손수건 등 일회용품이 아닌 것을 찾기 힘든 세상이 되었다. 그만큼 편리함을 갖춘 것이리라.

이런 세상은 불과 100년 전만 하더라도 왕실에서조차 상상하지 못했던 것들이다. 두고두고 반영구적으로 사용하는 물건, 예를 들어 수건을 일회용으로 만들려고 한다면 무엇이 좋아질까부터 생각해야 하고, 가격은 어느 정도 책정해야 일회용품으로 팔릴지를 생각해야 하며, 그 가격을 맞추기 위해서는 어떤 재질과 어떤 공정을 활용해야 할지, 마케팅은 어떻게 진행해야 할지 줄줄이 생각할 거리가 터져 나온다.

일회용품을 만들라는 원리는, 발명의 원리라기보다는 이제까지 일회용품을 시도하지 않았다면 막혀 있을 생각의 물꼬를 틔워주는 하나의 계기를 제공하는 키워드이다. 이 원리는 현재 반영구적인 물건, 제품, 시스템들에 적용할 것을 권장한다.

자, 이제까지 일회용품이 아니었던 것들 중 일회용품이 되었을 때 의미가 있는 것들을 찾아보자.

일회용 고글

매년 봄이 되면 황사와 전쟁하느라 골칫거리이다. 중국에서 각종 이물질을 몰고 오는 황사는 호흡기를 비롯해 우리 인체에 많은 악영향을 끼친다. 겨울부터 오토바이 퀵 서비스를 시작한 A씨는 예고 없이 찾아온 황사 때문에 오토바이를 타고 배달하기가 쉽지 않다. 고글이라도 사고 싶지만 가격이 만만치 않다. 값비싼 고글을 일회용품 사듯 살 수는 없는 노릇이었다.

'이럴 때 일회용 고글이라도 있었으면…….'

눈이 따끔거리는 것을 참으며 오토바이를 몰던 A씨의 바람이었다. A씨의 바람을 현실로 만족시켜 줄 고글이 없을까?

미국 특허 번호 '6557995'는 안경이나 고글을 일회용으로 만들면 어떤 모습을 가질지 힌트를 제공한다. 이 일회용 고글은 눈부심을 막아주는 용도로 사용하는데, 유연한 유색 플라스틱 필름으로 되어 있다. 안경에 붙여서 양쪽 눈을 커버할 수 있는 형상에, 안경 전체와 그 주변부까지 다 덮어줄 수 있는 크기이다. 안경 외부에 부착할 수 있도록 접착제 처리가 되어 있다고 한다.

태양광선 속의 UV 등을 비롯한 시력에 악영향을 미치는 빛, 눈에 영향을 미칠 수 있는 유해한 부유 물질, 강한 바람, 벌레, 오염물, 더러움, 독성 물질을 차단하는 데에도 효과를 볼 수 있다고 하며, 거의 모든 안경 크기에 잘 맞는다. 안경 없이 맨 얼굴에 직접 착용할 수도 있고 호주머니에 들어갈 크기여서 휴대도 편리하다.

이제까지 일회용품이 아닌 것들을 일회용품으로 만든다면 얼마나 매출을 올릴 수 있을까?(일회용 고글 그림)

일회용품을 생각하려면 기존의 재질과 가격에 대해 심리적인 관성을 버려야 한다. 그리고 생각을 자주 하는 연습을 하면 어떠한 제한 조건이 주어지더라도 자유자재로 발상하는 역량을 향상시킬 수 있다. 따라서 꼭 일회용품으로 무언가를 만들어야 할 경우가 아니라도 일상의 여러 가지 시스템을 일회용품화하는 생각의 연습을 평소에 해 두는 것이 좋다.

'일회용품으로 만들면 어떨까.'라는 생각은 이제까지 발명의 원리가 견지해 왔던 입장인 기능, 기술적 측면뿐 아니라 새로운 시장이나 용도, 고객에 대해서도 다시 생각해 보는 것을 말한다. 씻고 보관하는 번거로움 없이 하루 착용 후 버리는 일회용 렌즈처럼 말이다.

비싸고 질 좋은 제품이나 상품, 기술 대신 성능은 그만 좀 못하더라도 한 번 쓰고 버릴 수 있는, 그래서 재사용할 때의 여러 가지 번거로움을 제거할 수 있는 방안이나 제품을 생각해 보라는 의미이다. 일상적인 일회용 소품들이 그렇게 해서 탄생하였던 것이다.

자원소모, 환경오염이라는 측면에서는 무분별한 일회용품 사용을 경계할 일이지만, 기능적인 측면에서 일회용품화가 가지는 의미는 대단할 때가 많다.

일회용품을 만들고자 하는 생각이 있다면 다음과 같이 생각해 보자.

- [   ]를 일회용품으로 만든다면 어떻게 될까?
- 가격은 어느 정도 책정해야 할까?
- 얼마 정도 쓰고 못 써야 일회용품이라고 생각할까?
- 가격과 내구성을 맞추기 위해서는 어떤 동작 원리와 재질이어야 할까?
- 이 재질로 어떻게 하면 저렴하게 잘 만들 수 있을까?
- 그 재질이 가지는 치명적인 약점은 무엇일까?
- 그 약점을 보완하기 위한 가장 저렴하면서도 단순한 해법은 무엇일까?
- 개발 기간은 얼마나 걸릴까? 개발 인력은? 예산은?

이제까지 일회용품이 아니었던 것들 중 일회용품이 되었을 때 의미가 있는 것들을 찾아보자.

》 원리 길라잡이 27. [일회용품화]

유익한 기능_____을 신규 도입/수행/유지/향상시키고,

유해한 영향_____을 제거하기 위해

관심 시스템/대상_____에 포함된

◆ 반영구적인 제품이나 시스템 대신 필수적인 특성 몇 가지만 확보하고 값은 저렴한 일회용품을 제작할 수 있을까?

◆ 일회용품의 크기나 사용 기간을 극한으로 줄일 수 있을까?

◆ 일회용이나 단시간용 에너지원을 제작할 수 있을까?

새롭게 만들어진 나의 아이디어 :

원리 28. 진화하는 장
장이여, 진화하라

기술의 발전이 인간의 생활과 문화를 바꿔 놓은 사례를 잠깐 돌이켜 보자.

가장 근래에는 IT 기술의 발전으로 그 이전에는 불가능했던 영상을 활용한 각종 서비스들이 가능해졌다. 은행의 영업 창구에 가 보라. 누구나 번호표 지급기에서 번호표를 뽑고 번호를 알려 주는 시그널이 전광판에 뜨면 그때 자기 업무를 본다. 그 이전에는 업무를 보기 위해서 내내 서 있지 않으면 자기 차례를 확보할 수 없었고, 새치기가 극성을 부렸다.

인터넷이라는 미디어를 통한 지식의 공유, 음악의 공유와 마케팅, 유통이라는 큰 산업이 열렸다. 또 이전으로 거슬러 올라가면 축음기 발명으로 음반 산업, 음악 콘텐츠 산업이 생겼다. 전구의 발명은 밤을 낮처럼 밝혀 인류가 어둠 속에서도 인류 자신을 위한 일을 할 수 있도록 도왔고, 라스베이거스의 쇼 비즈니스를 가능하게 했다. 전기 악기의 발명으로 무수한 전기기타리스트들이 생겨났고 고전 악기로는 감히 꿈꾸지 못했던 연주법과 편곡법이 생겨났다.

내가 하는 일이 기술과 관련 없다고 하는 이들일수록 이러한 기술 진화의 원리만큼은 꼭 알고 있어야 한다. 이젠 기술자들에게도 예술이 남의 일이 아니며 비기술자들에게도 기술은 남의 일이 아닌 시대이다.

'원리 28'의 원전을 직역하면 '기계 시스템의 치환/대체'인데, 그렇다면 기계 시스템이 아니라면 이 원리를 적용할 수 없냐는 질문을 하기 쉽다. 그러나 분명히 말한다. '원리 28'을 일반적으로 재정의하면 '기능을 달성하기 위해 활용되는 장, 작동 원리를 보다 진화된 것으로 변경하라.'는 의미이다.

에너지 활용의 역사 역시 거의 이러한 작동 원리 대체의 순서를 따르고 있다. 태초에 불을 발견한 이후 나무를 에너지원으로 사용하다가, 화석화된 고체연료를 활용하다가, 액체연료, 기체연료를 사용하고 있는 것이다.

작동 원리를 변경하는 데에도 순서가 있다. 기존에 기계장을 사용했다면 그것보다 진화된 장인 음향장이나 진동 기계장 등을 사용하고, 기존에 화학적인 물질의 변화를 활용했다면 그것보다 더 진화된 전기장과 같은 것을 활용하라는 것이다.

새로운 청소기에 대한 욕구

진공청소기는 소비자의 요구에 발맞춰 빠르게 진화하고 있는 가전제품이다. 하지만 아직까지도 주부들에게는 만족스럽지 못한, 앞으로 더욱 발전하고 진화해야 하는 제품이기도 하다.

이는 여성의 지위가 향상되고 사회활동을 하는 여성들이 늘어나면서 가정에서 청소를 해야 할 사람이 없어진 데서 기인한 측면이 많다. 더 편리한 제품이 필요한 이유인 것이다. 사회적인 현상을 반영하듯 화성 탐사선 소저너에 쓰이던 기술이 접목된 로봇 청소기는 우리나라에서도 선풍적인 인기를 끌었다.

청소기의 청소 원리의 혁신도 눈여겨볼 트렌드인데, 전통적인 먼지 봉투

방식의 청소기를 사이클론 방식의 청소기가 대체하고 있다. 그 외에도 서구의 경우, 입식 생활을 하기 때문에 물청소에 대한 욕구는 그리 크지 않지만, 한국은 좌식 생활을 하기 때문에 청결한 실내를 위한 물걸레 청소가 필수적이다. 이러한 특수성을 고려하여 물걸레 청소를 손쉽게 할 수 있는 스팀 청소기를 한 중소기업에서 출시하여 공전의 히트를 기록하기도 하였고, 최근에는 진공청소와 스팀청소를 한번에 할 수 있는 청소기도 출시되었다.

인류가 생존하는 한 먹고/배설하고, 입고/벗고/씻고, 거주하고/이동하는 의식주의 기본 활동은 지속될 것이다. 거주와 관련 깊은 청소의 문제는 누가 하느냐, 어떻게 하느냐에 대한 지속적인 의문과 소소한 문제가 계속 제기될 것이다. 과거에는 전업 주부들이 의식주 문제를 모두 해결하던 시대였다. 하지만 현대와 미래는 거의 대부분이 사회생활을 하면서 의식주 문제를 전적으로 책임질 전업주부들이 줄어들고 있다. 따라서 이제는 인간 생활의 밑바닥에 존재하는 의식주 문제를 해결해 주는 도구나 서비스가 큰 비즈니스가 아닐 수 없다. 전업주부들이 가사노동을 지속한다면 새로운 비즈니스 기회는 오지 않겠지만, 자아실현을 위한 주부들의 사회 진출은 더

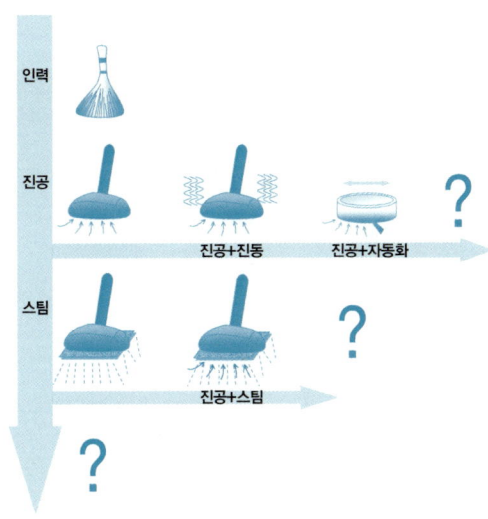

다른 사람의 불편함을 개선한다면 부와 성공을 가져다주는 황금어장이 될 수 있다.(주부들의 청소 문제를 해결한 청소기들의 원리)

이상 미룰 수 없는 사회적 현상이다. 따라서 누가 해 주지 않는, 그래서 결국 스스로 해야 하는 가사노동을 고통스러운 그 무엇이 아니라 황금어장으로 인식하고 지속적으로 탐색할 수 있는 혜안이 필요한 시점이다. 타인의 고통은 나의 기쁨의 근원이 될 수 있다. 나쁜 의미에서가 아니라 타인의 고통을 해결해 줌으로써 나의 금전적 기쁨이 생길 수 있는 것이다. 진정한 윈윈 비즈니스는 이러한 것에서 시작된다.

이젠 조명으로 통신을 한다

미선 씨는 커피를 마시며 우아하게 테이블 위에 노트북 컴퓨터를 펼친다. 미선 씨의 노트북에는 통신을 위한 선 같은 것이 없다. 이제 LED 전구가 밝게 켜져 있는 실내라면 언제든 통신을 할 수 있기 때문이다. 전구가 켜졌다 꺼졌다 하면서 정보를 보내는 원리라고 하는데, 기술이 좋아지긴 좋아진 것 같다. 예전에는 특수한 무선 통신용 송수신기가 있어야 정보를 주고받을 수 있었는데, 그런 것 없이도 얼마든지 영화나 자료를 빨리 내려받을 수 있게 되었으니 말이다. 왜 예전에는 이렇게 좋은 것을 안 쓰고 별도로 통신을 위한 장치를 만들었는지 알다가도 모르겠다.

위의 사례는 가상의 이야기이지만 몇 년 후면 실현될 수 있는 상황이다. 몇 년 전까지만 해도 선을 타고 흐르는 전기장을 통해 통신을 하는 것이 대세였다. 하지만 이제는 허공을 타고 흐르는 전파를 통해 통신을 하는 것이 대세이다. 그리 멀지 않은 미래에는 '가시광선'과 같은 빛을 활용하는 통신이 대세가 될 전망이다. 그리고 이 빛은 별도의 통신기기에서 나오는 것이 아니라 흔히 쓰는 조명을 통해 공급될 것이다.

조명을 통한 통신이 가능해진 이유는, 빛을 내는 반도체로 만들어진

LED(light emitting diode) 조명 덕분이다. 형광등이나 백열등과 달리 빠른 속도로 켜고 끌 수 있는 LED의 특성이 통신을 가능하게 한 것이다. 사람은 1초에 100회 이상 빠른 속도로 끄고 켜는 빛을 그냥 켜져 있다고 인식하기 때문에 조명을 문자 그대로 '켜' 놓은 상태에서 LED 조명에서 데이터를 내려받을 수 있다.

이는 전선을 통해 데이터를 주고받는 전력선 통신기술과 맞물려 사용됨으로써 별도의 유·무선 통신장비 없이 운용 가능할 것이다

이렇게 기술은 진화한다. 단순한 조명이 아닌 통신의 미디어 역할까지 수행할 LED의 미래, 이제 머지않아 다가올 것이다.

>> 원리 길라잡이 28. [진화하는 장]

유익한 기능_____을 신규 도입/수행/유지/향상시키고,

유해한 영향_____을 제거하기 위해

관심 시스템/대상_____에 포함된

◈ '장에 민감한 물질 혹은 조건에 따라 미세 수준의 장을 형성할 수 있는 물질'을 장과 연계하여 사용한다면?

◈ 외부의 장 변화에 따라 지능적으로 변화하는 지능재료(smart material)를 활용한다면?

◈ 해당 기계 시스템을 광학, 음향, 열, 후각 시스템으로 대체한다면?

◈ 해당 요소/물질을 전기장, 자기장 또는 전자기장과 상호작용하게 한다면?

◈ 해당 에너지/장/작용을 다음과 같은 순서로 진화시켜 본다면?

   기계적 에너지 => 마찰/공압/진동에너지 => 열에너지 => 화학 반응 => 전기력 => 자기력 => 전자기력, 빛 => 핵력

◈ 균일하게 에너지/장을 가하는 것이 아니라 시공간적으로 구조를 가지게 한다면?

◈ 불규칙한 에너지/장을 가하는 것이 아니라 구조화된 형태를 가지게 한다면?

◈ 단일 에너지/장을 가하는 것이 아니라 다른 에너지/장과 결합한다면?

◈ 보다 진화된 에너지/장을 활용하는 절차로 진화시킨다면?

새롭게 만들어진 나의 아이디어 :

원리 29. P.H.A
공기와 물의 힘

　개업 홍보 방법 중 우리에게 가장 강하게 각인되어 있는 것은 아마도 개업 행사일 것이다. 음악을 크게 틀고, 행사 도우미가 그 음악에 맞춰서 춤을 추며 개업을 알리는 멘트를 쉴 새 없이 날린다. 이런 풍경이 이제는 익숙하다 못해 진부하다. 그런데 여기에 이번 원리를 이용한 것이 있다. '춤추는 인형'이 바로 그것이다. 원리라고 할 것까지도 없는 이 춤추는 인형은 펌프로 공기를 계속 불어넣어 이리저리 흔들린다.

　'원리 29'는 유압을 의미하는 pneumatic, 수압을 의미하는 hydraulic, 공기역학적 힘을 의미하는 aerodynamic 등 세 단어의 첫 글자만 따서 필자가 모은 것이다. 처음에는 유압 및 공압 활용이라는 독립적인 의미를 갖는 원리였지만 현대에 와서는 '원리 28'의 하위 원리 정도로 이해하면 무방하다.

　사물의 고체 부분을 기체나 액체로 대체하는 것, 공기나 물을 사용하여 압력을 가하거나 팽창시키는 것, 공기 쿠션, 수압 쿠션을 활용하거나 다른 것이 이미 활용되고 있는데 공압이나 수압을 추가로 가하는 것 등이 모두 이 원리의 범주에 속한다. 공압 및 유압을 활용한 시스템은 일반적인 기계적 장치에 비해 (1)휴대성, (2)가격, (3)변형 정도, (4)기타 부가적인 효과 면에서 월등한 성능을 보이는 경우가 많다.

우주에서도 볼펜을 쓸 수 있다?

누가 먼저 달에 가는가로 미국과 구소비에트연방이 경쟁을 벌이고 있을 때의 이야기이다. 우주여행을 하면서 일어나는 각종 일들은 소중한 정보이므로 반드시 기록을 해 두어야 한다. 늘 통신을 하긴 하지만, 만약의 경우란 것도 있으므로 손으로 쓴 기록을 반드시 남길 필요가 있다.

그런데 문제는 필기구였다. 무중력 상태에서는 잉크가 볼 쪽으로 이동하지 못하기 때문에 볼펜으로 글자를 쓸 수 없었던 것이다. 그래서 미국은 천문학적인 비용을 들여 우주볼펜을 개발했다. 반면, 소비에트연방은 그냥 연필로 기록을 했다고 한다. 소비에트연방이 스푸트니크를 우주에 먼저 내보낼 수 있었던 것은 필기구로 연필을 사용한 때문이 아닌가 하는 우스갯소리도 있다. 우주볼펜은 이런 경쟁에서 탄생했다고 전설처럼 전해지는 필기구이다.

반은 농담인 이런 이야기 속에는 기실 기술의 진화와 관련된 중요한 진실이 숨어 있다. 무엇인고 하니, 이전에 결코 경험하지 못했던 새로운 환경의 도전이다. 무중력 상태, 그리고 안전의 이유 때문에 공기의 압력도 낮은 상태인 우주 공간은 이전에 갖고 있던 기술적 해결안들을 무용지물로 만들었다. 당시의 개발자들은 대학에서 배웠던 기초 물리학을 다시 배우는 심정으로 초심으로 돌아가 기존의 시스템을 모두 재설계해야 했다. 당연히 잉크가 나올 것으로 예상했던 볼펜이 무중력 상태에서 동작하지 않더라는 것을 아는 순간, 개발자들의 당혹감이 생생하게 느껴진다.

● 볼펜의 잉크는 중력에 의해 볼 쪽으로 이동하나(기존의 동작 원리)

- 무중력 상태(우주 공간)에서는(new condition 혹은 새로운 도전)
- 잉크가 볼 쪽으로 이동하지 못하여 글씨를 쓸 수 없다(실패).

이런 상황에서 글씨를 쓰려고 한다면 무슨 일을 해야 할까? 우선 생각해 보자.

- 중력을 생성할 수도 있다. 그렇지만 글씨를 쓰자고 중력을 만든다? 이것은 난센스다.
- 연필을 쓴다. 그러나 이것은 이미 썼다. 연필심이 날려 우주선에 전기 스파크를 튀게 만들 위험이 있다. 다른 것은 없을까?

이런 상황을 좀 더 일목요연하게 헤쳐 나갈 수 있는 방법이 있다면 얼마나 좋을까? 다음에 나와 있는 사례를 통해 해결 방법을 음미해 보자.

최초의 볼펜에서 우주볼펜까지

볼펜의 성공담은 다른 혁신 제품들이 그렇듯이 드라마틱했다. 1945년 10월 어느 날, 5,000명의 사람들이 뉴욕의 짐벨스 백화점이 문을 열기 전 그 앞에서 장사진을 이루고 있었다. 이유인즉슨, 그 전날 백화점에서 《뉴욕 타임스》에 미국에서 최초로 볼펜을 판매한다는 광고를 대대적으로 내 보냈기 때문이다.

이 광고에 따르면 '볼펜은 환상적이고 기적적인, 만년필(당대의 비교할 만한 시스템은 만년필 말고는 없었다는 것을 기억하자)처럼 다시 채우지 않아도 2년 동안 마르지 않고 쓸 수 있는' 놀라운 물건이었다. 판매 당일 1만 개의 재고가 모두 팔려 나갔다고 한다. 한 개에 12.50달러나 하는 고가였음에도 불구하고 말이다.

볼펜 역시 주목받지 못했던 어두운 시절이 있었다. 볼펜의 과거는 1888년 미국에서 가죽을 생산하는 업자였던 루드(Loud)까지 거슬러 올라간다. 잉크가 달린 저장소와 롤러볼이 달린 형태였는데, 잉크가 너무 묽으면 모두 새어나가고, 잉크가 진해지면 잉크의 유로가 막히는 문제를 해결하지 못해 대중화되지 못했다.

볼펜의 또 다른 역사는 바다 건너 유럽 대륙에서 1935년에 바이로(Biro) 형제에 의해 다시 시작되었다. 형 라디슬라스는 작은 신문사의 기자였는데, 원고를 쓸 때마다 잉크를 채우는 일에 진절머리를 냈다. 더더군다나 뾰족한 만년필 촉 때문에 원고를 쓰는 용지가 찢어져서 잉크 자국이 나는 일이 비일비재하였다. 화학자였던 동생 게오르그는 형의 노고를 덜어주기 위해 새로운 필기구와 그에 사용할 수 있는 새로운 잉크를 만들었다. 한여름날 휴가를 즐기던 중 아르헨티나의 고위층에게 볼펜을 보여 줄 기회가 생겼다. 그는 아르헨티나에 볼펜 공장을 세워 주겠노라고 제안했다.

몇 년 후 제2차 세계대전이 발발했을 때 바이로 형제는 파리에 들러 그들의 펜에 관한 특허를 출원한 후 아르헨티나로 떠났다. 1943년 몇몇 투자자들의 도움으로 볼펜 공장을 세울 수 있었다. 몇 가지 치명적인 문제점을 개선한 디자인의 바이로 펜이 출시되었으나 그다지 신통치 않았다고 한다. 그런데 제2차 세계대전 당시 아르헨티나에 있던 미국의 조종사들이 이 바이로 펜에 큰 흥미를 보였다. 왜냐하면 고도가 높아져도 잉크가 내뿜지 않았고 잉크를 중간중간 재충전할 필요가 없었던 것이다.

당시의 일반적인 필기구였던 만년필은 고도가 높아지면 기압이 낮아져 잉크를 충전할 때 힘의 밸런스가 무너져 잉크가 다 새어버리거나 혹은 나오지 않는 치명적인 부작용이 있었다. 모르긴 해도 당시 비행사들은 비행기 안에서 무언가를 메모할 필요가 있었다면 연필을 활용할 수밖에 없었을 것이다.

　미국 정부는 미국에 있는 펜 생산자들에게 자문을 구해 비슷한 펜을 만들 수 있는지 알아보았고, 미국의 에버하드 파버(Eberhard Faber) 사는 당시 파산 위기에 있던 바이로 형제에게 50만 달러를 주고 특허권을 사들였다. 에버하드 파버 사는 이 특허권을 곧 에버샤프(Eversharp) 사에 팔았다. 아직 바이로 펜의 디자인은 개선의 여지가 많았기 때문에 곧바로 시장에 출시되지는 못했다.

　이런 상황에서, 놀랍게도 45세의 시카고의 외판원이었던 밀턴 레이놀드(Milton Reynolds)가 미국에서 성공적으로 볼펜을 출시한 기업가로 등장했다. 그는 아르헨티나에 휴가를 갔다가 바이로의 펜을 상점에서 보게 되었고, 새로운 물건이라 미국에서 장사가 되겠구나 하는 감을 얻었다. 특허권 중 많은 권리가 이미 만료되었기 때문에 특허법적인 문제를 회피할 수 있다고 생각해서, 바이로의 설계를 많이 모방해서 나름의 디자인을 한 후 짐벨스 백화점에 납품 계약을 체결했다. 그의 생각은 적중했다. 그는 300명의 인력이 일하는 큰 공장을 세워서 수백만 개의 볼펜을 팔아 순식간에 갑부의 반열에 올랐다.

　그 이후의 볼펜 역사는 독자들이 아는 대로 다양한 색깔, 겉모양의 다양한 디자인, 여러 색의 볼펜을 한곳에 모은 형태 등등 각종 변형이 일어나면서 현대 생활의 일부가 되었다.

　다시 우주볼펜으로 돌아가 보자. 볼의 반대쪽에 있는 잉크가 볼 쪽으로 잉크를 잘 밀어주기 위해서 무중력하에서는 무엇을 해야 할까? 이럴 때 가장 활용하기 쉬운 해결안은 제3의 힘을 볼 위쪽에 있는 잉크에 가해 주는 것이다. 예를 들어 '공압'은 어떨까? 뒤에서 공기가 계속 밀어준다면 볼 쪽으로 잉크가 원활하게 흘러갈 수 있을 것이다.

실제 우주볼펜의 동작 원리를 살펴보면 펜의 뒤쪽에 가스가 차 있는 가압 잉크 카트리지를 활용해서 잉크가 글씨를 쓰는 볼 쪽으로 원활하게 흘러가도록 한다.

우주볼펜에 대한 특허가 나오던 1960년대는 구소련이 서방에 앞서서 최초의 우주선을 발사해 지구 주위를 선회했다. 인류 역사상 최초의 우주인은 서방 세계의 인물이 아니라 구소련의 유리 가가린이었다. 우주볼펜의 개발자는 미국의 한 개인 발명가로 우주 개발이 한창이던 이 시대적인 환경 아래에서 너무나 당연하게도 무중력 환경에서는 기존의 볼펜을 사용할 수 없다는 사실을 알았고, 이것을 개선할 방안을 골몰하였다. 그 결과 1965년에 중력이 없는 곳에서도 사용할 수 있는 우주볼펜에 대한 미국 특허 번호 '3,285,228'이 출원되었고, 이 특허에 의해 개발된 펜이 나사(NASA)에서 시험한 후 아폴로 7호에서 활용된 적도 있다.

이 제품은 아마존닷컴(amazon.com)에서 2008년 1월 현재 개당 13달러의 가격에 판매되고 있다.

가압 잉크 카트리지를 사용한다고 하니 혹시 정상 환경에서 아래로 쓸 때에는 잉크가 심하게 흐르지 않을까 걱정할 수도 있는데, 점도가 매우 높은 특수 점탄성 잉크를 활용하기 때문에 우려할 만큼 잉크가 심하게 흐르지 않는다고 한다. 이 볼펜은 천장에 글씨를 쓸 때에도 기존 볼펜에 비해 글씨가 잘 써지고, 물속에서도 활용할 수 있다. 매우 점도가 높고 열적·화학적 안정성이 높은 잉크를 사용하였기 때문에 혹한이나 고온, 그리고 어떠한 표면에도 사용할 수 있다는 장점이 있다.

공압, 유압을 활용하라는 이 원리는 전통기술 분야에는 잘 활용이 되나 전기, 전자, 통신, 소프트웨어, 서비스, 절차 등에는 '문자 그대로는' 잘 활용이 되지 않는다. 전통 기술 외의 분야에서는 이 원리를 통상적으로 활용하는 에너지에 비해 좀 더 가변성이 우수한 에너지원, 모듈로 대체하거나 그런 에너지원이나 모듈을 부가하라는 방향으로 활용하면 된다.

>> 원리 길라잡이 29. [P.H.A]

유익한 기능_____을 신규 도입/수행/유지/향상시키고,

유해한 영향_____을 제거하기 위해

관심 시스템/대상_____에 포함된

◆ 고체 부분을 기체나 액체로 대체한다면?

◆ 공기나 물을 사용하여 팽창시키거나 공기 쿠션 또는 수압 쿠션을 사용한다면?

새롭게 만들어진 나의 아이디어 :

원리 30. 유연화
보다 유연하게 한다면?

여자아이들이 하는 놀이 중에서 대표적인 것이 바로 '인형놀이'이다.

남자들은 잘 모르겠지만, 이 인형들은 종류와 기능이 다양하다. 그래서 다양한 기능을 가진 인형을 갖고 있는 친구는 다른 친구들의 부러움을 한몸에 받았다.

불과 얼마 전만 해도 인형의 팔다리는 쉽게 꺾을 수 없었다. 그런데 언제부터인가 팔이랑 다리가 쉽게 꺾이는 인형들이 나타나기 시작했다. 어디 인형뿐이랴. 우리는 십년 전만 해도 게임이나 3D 그래픽, 로봇 기술에서 유연성을 갖추지 못해 관절의 동작이 끊어지는 것을 보고 견뎌야 했다. 지금 당신에게 그런 영화를 보거나 로봇을 사용하라고 하면 고개를 가로저을 것이다. 현재는 정말 진짜 사람과 같은 유연성을 가진 그래픽을 접하고 있다.

이러한 인형의 사례뿐만 아니라 기술적인 부분에서도 물질을 유연화하는 작업을 통해 얻는 효과는 상당하다.

'원리 30'의 핵심은 '보다 유연하게'이다. 보다 유연한 물질이나 기능의 향상, 혹은 유해 작용의 감소, 제조 비용의 감소, 유지 보수의 용이성 등 이상성의 향상에 기여할 수 있기 때문이다.

두루마리 스피커

"우와, 이게 종이야, 비닐이야? 아니면, 스피커야?"

두루마리 스피커를 처음 본 한 30대 남성이 깜짝 놀라 소리를 질렀다.

2005년 국내 한 벤처 업체에서 아주 특이한 스피커를 생산했다. 흔히 스피커 하면 네모나고 딱딱한 상자나 막대기형을 연상한다. 그런데 이 회사에서 출시한 일명 '두루마리 스피커'는 탈 네모 모양으로, 종이처럼 얇고 투명하게 만들어져, 원하는 크기로 잘라 사용할 수 있도록 하였다. 종이처럼 얇고 투명하므로 액자 위에 사진과 함께 겹쳐 놓을 수도 있고, 유리창이나 벽에 붙여 놓을 수도 있다.

두루마리 스피커의 가장 유쾌한 특성은 '어느 곳에나 얹거나, 널거나, 붙여 둘 수 있다.'는 점이 아닐까 한다.

휴대하기 편하다는 것은 소규모 행사나 엠티 장소에서 빠질 수 없는 음악을 쉽게 선사해 주는 장점이 되기도 한다. 집 안에 설치할 경우 장소를 많이 차지하지 않는 장점이 있다.

허전한 뒷점도 있다. 두루마리 스피커는 유연한 매질인 필름에 전기장을 깔아 진동하게 만들어 소리가 나는 것인데, 저음을 내는 데에는 한계가 있다. 저음은 울림이 강해야 하는데 아직까지 두루마리 스피커가 그 기술에 도달하지는 못한 것이다. 하지만 중음 이상의 소리를 내는 데에는 큰 문제가 없다.

기존에는 복잡한 요소를 통해 달성했던 '소리 재생'이라는 기능을 단지 얄팍한 필름 한 장으로 대신하면 좋겠다는 소박한 생각이 이런 제품과 기술을 부른 실마리였다. 이런 '얄팍한 필름으로 바꿔 보자.' 역시 발상을 업그레이드하는 원리 중에 당당히 한 자리를 차지하고 있다. 전통 기술 분야가 아닌 다른 분야에서는 '유연화'라는 개념으로 이해를 해 두면 무리가 없다.

예를 들어 한 사람이 한 가지 작업이나 업무만을 할 수 있는 경우가 유연성이 전혀 없는 경우라면, 한 사람이 매우 여러 가지 작업을 할 수 있고, 특정 업무에 일이 몰릴 경우 일이 없는 다른 부서의 사람이 그 작업을 할 수 있다면 조직이 노동력을 운용하는 데 유연성을 높일 수 있다.

이처럼 유연성을 향상하라는 발명의 원리는 두루두루 어디에나 활용할 수 있고, 단순히 물질적인 것이나 힘에만 국한된 것이 아니라 버추얼 모듈(virtual module)이나 서비스 절차, 인력 운용 등 모든 분야에서 활용할 수 있는 원리임을 이해할 수 있다.

기억하자. 통상적인 구조물, 절차, 대상을 보다 유연하게 해 보는 것이다. 혹은 이러한 것을 활용해서 대상을 외부 환경과 나누어 보는 것이다.

아마 무언가 달라진 것이 있을 것이고, 그 달라진 것이 기대했던 것보다 훨씬 멋진 것이란 것을 발견할 것이다.

일반 스피커

두루마리 스피커

두루마리 스피커는 어느 장소에나 얹거나 널거나 할 수 있으며, 이동이 편리한 장점이 있다.

>> 원리 길라잡이 30. [유연화]

유익한 기능_____을 신규 도입/수행/유지/향상시키고,

유해한 영향_____을 제거하기 위해

관심 시스템/대상_____에 포함된

◈ 물질/모듈을 유연한 막이나 얇은 필름으로 대체한다면?
◈ 사물을 외부환경과 유연한 막이나 얇은 필름으로 격리시킨다면?
◈ 에너지나 장의 가변성을 증가시킨다면?
◈ 절차를 주어진 조건이 변경될 때마다 변경이 용이하도록 한다면?
◈ 절차는 그대로 유지하되 보다 유연한 절차를 외부와 기존 절차 사이에 도입한다면?

새롭게 만들어진 나의 아이디어 :

원리 31. 허허실실(虛虛實實)
빈틈을 살려라?

'행간의 의미를 잘 살펴라.'

이 말은 글을 읽을 때 필자가 직접 써 놓지 않은, 문장과 문장 사이에 비어 있는 의미를 음미하라는 뜻이다. 빈 공간의 의미를 헤아린다는 것은 문장을 써 놓았을 때보다 더 깊은 의미를 가질 때가 많다. 문장을 써 놓으면 한 가지 의미만 있지만 비워 두었을 때는 여러 가지 의미가 있다. 이것은 그림에서 여백의 미와도 같다.

물질에서도 마찬가지로 빈틈이나 공극, 구멍 등에 물질이 존재하지 않는다고 해서 '없음'은 아니다. '허'의 존재인 빈틈의 '있음'은 물질이 없는 것 이상의 기능성을 지닌 경우가 많다. '허공'은 물질은 없지만 '공간'으로서의 '물질'이 할 수 없는 기능을 한다. 탁월한 단열 효과 같은 것이 그런 기능성의 사례이다.

사물에 혹은 절차나 구조에 빈틈을 두는 것은 우리가 일상적으로는 낭비라고 생각할 수 있지만 물질로는 절대로 가질 수 없는 기능성을 제공한다는 측면에서 결코 허투루 볼 자원이 아니다.

만약 빈틈이 있는 재료나 절차, 구조라면 그 빈틈을 보다 조직화하는 방향으로 진화시킬 수도 있고, 혹은 그 빈틈에 제3의 물질을 채워서 제3의 기능을 수행하게 하거나 기존의 기능성을 강화하는 데 활용할 수도 있다.

공간이 비어 있다고 그 공간이 쓸 데가 없다고 생각는가? 아니다. '여백의 미'라는 말처럼 적절한 크기로 적절한 위치에 적절한 방식으로 배열된 빈틈은 물질의 가치 이상을 한다.

다이빙 선수는 물속의 빈틈을 좋아한다?

높은 곳에서 뛰어내리는 것에 두려움을 느끼는 것은 지면이나 수면에 몸이 닿았을 때 아프기 때문일 것이다. 그것을 우리는 직감적으로, 혹은 직·간접적인 체험을 통해 터득한다. 다이빙 선수들도 예외는 아니다. 수없이 연습하지만 아주 가끔 높은 곳에서 물을 향해 뛰어내리는 것이 두려울 때가 있다고 한다. 그래서 다이빙 선수들은 물속의 빈틈을 좋아한다. 왜냐고? 수면에 닿는 고통을 줄이기 위해서 만들어진 시스템이 물속의 빈틈이니까.

다이빙 선수들에게 수영장의 물이 폭신한 쿠션처럼 느끼게 하는 이 시스템은 다이빙 탑 보드 아래의 수중에 공기를 불어넣어 만든다. 이 시스템은 공기 방울을 활용해 물의 표면장력을 약화시키기 때문에 다이빙 선수들이 물에 의해 부상당하는 것을 방지한다. 장소에 따라 맞춤형으로 설치된다고 하며, 기존의 수영장에도 설치가 가능하다고 한다.

우주선을 지키는 빈틈

우주선이 귀환할 때 우주선 외부와 공기의 마찰력으로 생기는 온도는 무려 3,000도 이상이다. 철이 녹는 온도보다 높다. 이렇게 높은 온도에 견딜 수 있는 우주선을 만드는 것은 우주선을 타고 돌아오는 우주인들이 죽느냐 사느냐, 귀중한 실험 결과를 무사히 갖고 오느냐 못 갖고 오느냐를 정하는 결정적 요인이다.

그리고 우주선을 우주로 쏘아 보내려면 우주선이 가벼워야 한다. 무거운 우주선은 다량의 연료와 에너지가 필요한 문제가 발생하기 때문이다. 이를 모순어법으로 표현해 보자.

높은 온도에 견딜 수 있는 우주선을 만드는 것이 우주선에 탄 사람들이 죽느냐, 사느냐 하는 결정적 요인이 된다.
(디스커버리호의 귀환 장면/연합뉴스)

- 모순 상태 0 : 만약 (A)우주선이 가벼워지면,
  (B)에너지 소모를 줄일 수 있어 바람직하지만,
  (C)열에 강한 우주선을 만들기는 어려워 바람직하지 않다.
- 모순 상태 1 : 만약 (-A)우주선이 무거워지면,
  (C)열에 강한 우주선을 만들 수 있어 바람직하지만,
  (B)에너지가 많이 소모되어 바람직하지 않다.

이 문제를 해결하기 위해 우주선 전체를 감싸는 특수 세라믹 타일에 공기구멍(기공)을 많이 집어넣었다. 단열 효과가 크기 때문이다. 빈틈의 크기는 머리카락 두께인 100마이크로미터 수준이었다. 단열 타일의 재료인 세라믹은 기공의 크기가 작거나 기공의 비율이 높을수록 단열 효과가 비례적으로 증가한다. 국내 연구진도 과학기술부 21세기 프런티어 연구개발사업의 일환인 '차세대소재성형기술개발사업'의 지원으로 기공 크기를 기존의 10분의 1인 10마이크로미터 수준으로 떨어뜨리면서 기공률을 90%까지 높인 바 있다.

이러한 미세한 나노 크기의 기공이 분산된 고체를 에어로겔이라고 부른

다. 에어로겔은 수나노에서 수십 나노미터 크기의 3차원적 기공이 프랙탈 구조를 이루고 있는 것으로 우수한 단열 효과가 있다.

공간이 비어 있다고 그 공간이 다 쓸 데가 없는 것이 아니다. 중간에 구멍이 뚫려 있는 도넛이 튀길 때 타지도 않고 더 잘 익는다. 물질이 아닌 것도 존재의 의의가 있다. 이처럼 우리가 가끔 잊고 사는 물질 사이의 '빈틈'은 '없음'이 아니라 분명 존재하는 '있음'이 될 수 있다.

〉〉 원리 길라잡이 31. [허허실실]

유익한 기능 _____ 을 신규 도입/수행/유지/향상시키고,

유해한 영향 _____ 의 발생을 막기 위해

관심 시스템/대상 _____ 의 전부/일부에

◆ 공극, 빈틈, 거품을 도입한다면?

◆ 다공질 재료를 사용한다면?

◆ 보충적인 다공질 요소(삽입물, 덮개 등)를 사용한다면?

◆ 기공을 보다 구조화한다면?

◆ 만일 사물이 이미 다공질이면, 그 구멍들을 제3의 물질로 채운다면?

◆ 구조화된 기공에 제3의 물질을 채운다면?

새롭게 만들어진 나의 아이디어 :

원리 32. Color
색으로 말한다?

파란불이 켜지는 순간 경주용 차량들이 일제히 굉음을 내며 출발하기 시작한다.

이 출발의 순간, 신호등은 카레이서에게 무엇을 해야 할지 알려 주는 신호다. 이처럼 색의 변화를 통해 우리에게 어떤 정보나 규칙을 알려 주는 것들이 많다.

예를 들어 집이나 군대에서 형광등을 사용하다가 취침등으로 색을 달리 하는 것, 축구경기와 같은 운동경기에서 상대편과 우리 편을 구분하기 위해 운동복의 색깔을 달리 하는 것 등이 있다.

이번 원리는 엄밀히 말해서 '원리 23' 피드백 활용의 시각적인 사례라고 볼 수도 있다. 시각적 피드백의 경우, 인간이 그에 반응하는 민감도가 매우 높아 큰 효과성을 갖는다. 이제껏 피드백을 생각해 보지 않았던 시스템에 이러한 색깔 변화를 도입하여 피드백이 가능하게 한다면 더욱더 기능성과 가치가 올라갈 수 있지 않겠냐는 생각의 방향이다. 보다 구체적으로는 대상 시스템이나 환경의 색을 변화시켜 보는 것, 투명도를 변화시켜 보는 것, 색깔을 내는 물질을 인위적으로 첨가하는 것 등을 들 수 있겠다.

우리 주변의 모든 사물을 폭넓게 생각해 보고, 그것에 색이 변하는 피드백을 도입하면 어떤 가치가 있을지 생각해 보자.

맛없는 초콜릿은 가라

급한 미팅이 있어 뜨거운 자가용 안에 금방 산 초콜릿을 놓고 내린 회사원 A씨. 미팅 후 초콜릿을 먹으려 했으나 초콜릿이 다 녹아서 먹을 수 없었다. 할 수 없이 A씨는 초콜릿을 먹지 못하고 집으로 가져가 냉장고에 얼렸다. 시간이 지나 초콜릿은 다시 딱딱해졌지만 초콜릿의 맛은 형편없었다. A씨는 맛이 없어진 초콜릿을 쓰레기통에 버렸다.

많은 사람이 회사원 A씨와 같은 경험을 한 번쯤은 해 보았을 것이다. 아마 지금 책을 읽고 있는 당신은 '맞아. 나도 그랬는데…….' 하며 공감할지도 모른다.

초콜릿은 적정한 조건인 15-17도씨, 상대습도 50% 미만을 벗어나서 오랜 기간 두면 초콜릿 특유의 부드러운 맛이 사라진다.

초콜릿의 주성분인 코코아 버터의 결정체 조직은 조직의 크기가 미세할수록 입에 넣었을 때 부드러운 맛을 느낄 수 있다. 초콜릿의 맛은 이 미세한 결정들의 조직이 결정짓는데, 녹은 후 다시 굳어지면 결정들이 뭉치게 돼 부드러운 맛이 없어진다. 블루밍이라고 하는 현상이 생겨서 보기에도 껄끄럽고 입에서 녹는 맛이 사라지는 것이다. 이 점을 주목한 일본의 한 초콜릿 제조회사는 색깔이 변하는 마크를 포장지에 표시해 초콜릿이 있는 장소의 온도가 보관에 적절한 곳인지 아닌지를 시각적으로 표현해 주고 있다. 만약 이 색이 적정 범위를 벗어나 있으면 맛이 없을 거라고 생각해도 좋은 것이다. 이와 유사하게 국내의 모 맥주 제조 회사에서도 맥주가 가장 맛있는 온도를 나타내는 암반수 마크를 도입하여 크게 히트를 친 적이 있다.

초콜릿이 맛있는지, 맥주가 맛있는지에 대해 피드백해 주는 시스템이 이전에도 있었던가? 전문가가 옆에 있다면 피드백이 가능했을 것이다. 하지만 전문가가 초콜릿을 먹는 모든 사람에게, 맥주를 마시는 모든 사람에게 일일이 가르쳐 줄 수는 없는 노릇이다. 참 단순하고 바보스럽지만 적어도 한 가지, 온도만은 제대로 가르쳐 주는 이런 색깔 변화 한 가지만으로도 초콜릿과 맥주를 맛있게 즐길 수 있다면 가치 있지 않을까?

혈당치를 보여 주는 콘택트렌즈

"이거 하루에 한두 번도 아니고 아프고 귀찮아서 못하겠네."
"귀찮아도 해요. 이 사람이 합병증 무서운지 모르네."

손가락에 침을 찔러 한두 방울 나온 피를 혈당치 측정용 기기에 묻혀 혈당량을 체크한다. 하루에 두세 번씩 정기적으로 혈당량을 체크해야 하는 당뇨병 환자들은 피를 뽑는 것이 고통스럽기도 하지만 매번 신경 써야 하는 것이 귀찮다. 이를 모순어법으로 나타내 보자.

- 모순 상태 0 : 만약 (A)피를 뽑는다면,
(B)혈당치를 알 수 있어 바람직하지만
(C)바늘로 찌를 때 고통이 있어 바람직하지 않다.
- 모순 상태 1 : 만약 (-A)피를 뽑지 않으면,
(C)바늘로 찌를 때 느끼는 고통이 없어 바람직하지만,
(B)혈당치를 알 수 없어 바람직하지 않다.

이러한 상황을 타개할 방법은 없을까? '피부를 관통해서 피를 뽑아내서' 혈

당을 측정하는 방식이 아니라 '피부를 관통해서 피를 뽑지 않는다'면 어떨까?

피를 체외로 뽑지 않고도 혈당을 측정할 수 있는 비침습 혈당 측정 기술이 세계 각국에서 진행되고 있다. 혈당을 알려 주는 콘택트렌즈도 그러한 연구의 중간 산출물 중의 하나이다. 이 콘택트렌즈에는 당에 민감한 홀로그램 패턴이 들어 있다. 그래서 이 색이 나타나면 위험, 나타나지 않으면 정상이라는 식으로 현재 혈당치를 판단할 수 있다.

이 기술도 문제는 있다. 눈의 액체의 경우 '피' 안에서 혈당치가 변하는 것에 비해 반응 속도가 느리다. 급성 혈당 변화가 문제가 되는 경우 이 방법은 너무 늦게 혈당치 변화가 측정된다는 단점이 있다. 비침습 혈당 측정 기술은 크든 작든 이런 문제를 안고 있다. 이 문제점을 해결하기 위해 많은 과학자가 노력하고 있다.

발상을 업그레이드하는 '원리 32'를 가리키는 또 다른 표현으로는 색 변경, 광학적 특성 변화, 색 바꾸기 등이 있다. 보다 구체적으로는 대상 시스템이나 환경의 색을 변화시켜 보는 것, 투명도를 변화시켜 보는 것, 색깔을 내는 물질을 인위적으로 첨가하는 것 등을 들 수 있다.

색깔 변화는 색이라는 광학 스펙트럼, 투명도 외에도 빛의 세기나 빛의 퍼짐성, 빛의 직진성 등 가지가지 광학적 성질을 모두 고려해서 변화시켜 보라는 넓은 의미로 해석하는 것이 좋다. 실생활에서 눈에 바로 띄는 것은 '색 변화'이지만, 적외선이나 자외선 같은 것도 '빛'이니 이런 것의 특성 변화도 해당이 된다.

>> 원리 길라잡이 32. [Color]

유익한 기능_____을 신규 도입/수행/유지/향상시키고,

유해한 영향_____을 제거하기 위해

관심 시스템/대상_____에 포함된

◆ 해당 요소/물질 혹은 외부 환경의 색깔을 변화시킨다면?

◆ 해당 요소/물질 혹은 외부 환경의 투명도를 변화시킨다면?

◆ 관찰하기 어려운 사물이나 과정을 관찰하기 위해 발색제를 사용한다면?

◆ 관찰하기 어려운 사물이나 과정을 관찰하기 위해 분해 혹은 결합하여 색을 내는 첨가제를 도입한다면?

◆ 만약 그러한 첨가제가 이미 사용되고 있다면 발광 추적자 또는 추적 원자를 이용한다면?

◆ 해당 에너지/장의 존재를 색의 변화를 통해 알 수 있다면?

◆ 해당 에너지/장의 존재를 투명도의 변화를 통해 알 수 있다면?

◆ 해당 에너지/장의 존재를 알기 위해 발색제를 사용한다면?

◆ 해당 절차의 진행을 색의 변화를 통해 알 수 있다면?

◆ 절차의 진행을 투명도의 변화를 통해 알 수 있다면?

◆ 절차 진행을 알기 위해 발색제를 사용한다면?

◈ 만약 그러한 첨가제가 이미 사용되고 있다면 발광 추적자 또는 추적 원자를 이용한다면?

새롭게 만들어진 나의 아이디어 :

원리 33. 동질화
같게 만든다면?

부산국제영화제를 보러 부산에 놀러 간 철민이는 지하철을 타기 위해 서울에서 쓰던 교통카드를 단말기에 갖다 댔다. 웬일인지 "삐비빅" 하는 소리를 내며 카드를 인식하지 못했다. 다시 시도했지만 역시 마찬가지였다.

이것은 카드가 호환이 되지 않기 때문이다. 할 수 없이 철민이는 이동할 때마다 일일이 지하철 표를 끊어야 했다.

처음부터 교통카드를 만들 때 전국 공용이었다면 어땠을까? 철민이의 불편을 해소할 수 있을 뿐만 아니라, 똑같은 티를 단체주문하면 저렴하게 살 수 있듯 같은 카드를 찍어 내기 때문에 더 저렴하게 만들 수 있으며 사용자에게도 편리성을 가져다준다.

이처럼 대상을 유사하게 만들거나 같게 만드는 것만으로 충분한 효과를 보거나 문제가 되었던 것이 전혀 문제가 안 되는 경우가 많다. 현실에서 기능이 제대로 발휘되지 않을 때에는 환경과 대상의 이질성 때문인 경우가 많으며, 원하지 않는 유해 효과가 생기는 것도 환경과 대상의 물질의 종류가 다르거나 고체, 액체, 기체와 같은 상이 다르기 때문인 경우가 많다. 이런 문제가 발생했을 때 동질화의 원리를 적용해 보자.

인체와 흡사한 인조 혈관

　동일하게 만드는 것은 일체감을 형성해 엄청난 효과를 내기도 한다. 2002년 월드컵 때 우리는 엄청난 일체감을 맛보았다. 순식간에 대한민국이 하나가 될 수 있었던 이유는 많았지만 그중 동일화를 통해 얻은 힘이 가장 크지 않았나 싶다. 모두가 똑같이 붉은 색 티셔츠를 입고 똑같은 구호를 외침으로써 하나가 되었다. 그로 인한 파급효과는 굳이 말하지 않아도 알 것이다.

　동질화를 통해 유익하게 쓰이는 사례가 또 있다. 군대에서 군인들이 동일한 모양의 군복을 입고 운동선수들이 유니폼을 입는 것이 그것인데, 상대에게 위압감을 주는 심리적 효과가 있다고 한다. 이 밖의 비슷한 업종의 비슷한 상품을 파는 업체들이 모여 윈윈 마케팅이 되는 경우도 이에 해당한다.

　비슷한 환경을 만들어 주는 것으로 생명을 지키는 치료에 이용되는 경우도 있다. 체내에 이식하거나 오랫동안 부착하는 보철 재료가 그것인데, 사람 몸의 기관들과 최대한 비슷하게 만들어서 환자에게 악영향이 일어나지 않도록 하는 것이다.

　혈관 재료의 경우 혈액 중의 응고 성분이 혈관이 아닌 다른 물질, 예를 들어 공기에 접촉하면 혈액이 응고한다. 이 응고되는 혈액이 인공 혈관이나 혈관 내벽에 설치하는 보철 재료, 신장 투석용 도관 등의 표면에서 혈전을 형성하면 관이 막혀 혈류의 흐름이 정지하고, 환자가 위험한 상태에 빠진다.

　인공적인 재료의 표면 위에서 혈전이 생성되지 않도록 하는 기술 중 인공 재료의 표면 특성이 혈액이나 체액의 물성과 유사해서 거의 차이를 못 느끼도록 하는 기술이 있다. 혈액의 응고는 혈관과 같은 생체세포가 아니라고 확인될 때 작동한다. 그러므로 혈관과 가장 유사하게 만들 수 있다면 혈액의

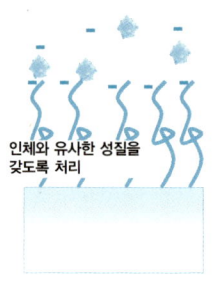

초기의 인공 혈관은 혈관 내벽과 많이 달라 혈소판의 침착, 혈액 응고가 심했다.

최근 인공 혈관은 인체와 유사하게 제작하여 혈액의 응고를 방지하고 있다.

응고를 최소화할 수 있다. 예를 들어 혈액은 약간의 음전하를 띠고 pH가 7.4 정도인데, 인공 재료의 표면에도 음전하를 띠는 화학 물질을 도입하여 마치 체내에 존재하는 물질인 것처럼 만드는 것이다. 이 방법 역시 만능인 기술은 아니지만, 다른 기술과 결합하여 혈전 생성 가능성을 낮추는 데 유용하게 활용되고 있다.

'내 시스템의 기능이 낮은 이유, 혹은 악영향이 발생하는 이유가 환경과 시스템, 시스템과 대상, 대상과 환경 사이의 이질성 때문이 아닌가.' 하고 한번 뒤돌아보자. 항상 그러한 것은 아니지만, 동질화가 좋은 결과를 가져 오는 사례가 적지 않다. 혁신적인 시스템 동작 원리를 설계할 때에는 한 번쯤 검토해 볼 만한 원리가 아닌가 한다. 때때로 동질성을 가진 것끼리 서로 이질성을 갖게 만듦으로써 색다른 효과를 가져 올 수 있다는 점도 기억해 두어야겠다.

〉〉 원리 길라잡이 33. [동질화]

유익한 기능_____을 신규 도입/수행/유지/향상시키고,

유해한 영향_____을 제거하기 위해

관심 시스템/대상_____에 포함된

◆ 해당 요소/물질과 상호작용하는 주변 물체를 본체와 동일한 재료(또는 비슷한 성질을 지닌 재료)로 만든다면?

◆ 해당 요소/물질을 환경과 동일하거나 유사한 성질을 가진 재료로 만든다면?

◆ 해당 에너지/장을 주변에 왜곡을 주지 않는 에너지/장으로 바꾼다면?

◆ 해당 절차를 일반인들의 상식이나 사용 환경과 유사한 절차를 활용한다면?

◆ 해당 절차를 인간의 습관이나 문화/제도에 부합하는 절차를 활용한다면?

새롭게 만들어진 나의 아이디어 :

원리 34. 도중회수
중간중간 되살린다면?

도중회수의 원리는 관심 대상 자체나 내부에 있는 물질이 기능을 마쳤거나 쓸모가 없으면 그 요소를 없애거나(버리거나, 녹이거나, 증발시키거나) 또는 동작하는 중에 다른 요소로 변화시키는 조치를 취해 보라는 것, 또는 이미 사용된 물질을 동작 중에 원래의 상태로 돌이키는 것을 의미한다. 이 원리를 가리키는 다른 표현으로는 폐기 후 재생(discarding and recovering)이라는 말을 혼용해서 사용하고 있다.

텅스텐 할로겐 전구

에디슨이 발명한 발명품(이것도 그가 최초는 아니었지만) 중 가장 유명한 것은 누가 뭐래도 백열전등이다. 늘 등유를 보충해 주어야 하고, 등유가 타는 냄새와 그을음을 참아야 했으며, 그다지 밝지도 않았던 등잔을 대체해 준 백열전등은 인류의 활동을 밤까지 가능하게 했다.

백열등은 '백열현상(incandescence)'이라고 불리는 물리적 현상을 활용해 만든 인공적인 광원이다. 전기가 얇은 필라멘트를 통해 흐르면 저항 때문에 열이 나고, 열이 발생하면서 빛까지 만들게 된다. 흑체 복사 현상과 같다고 보면 된다. 공기 중의 산소가 필라멘트에 닿으면 고열 때문에 필라멘트가 산화되고 끊어지므로, 비활성 기체가 유리구 안에는 포함되어 있다.

백열등의 발명자는 에디슨으로 알려져 있지만 백열현상에 대해서는 1802년 영국의 저명한 물리학자 험프리 데이비 경에 의해 알려졌고, 초보적인 백열등의 구조도 고안되었다. 그 이후 여러 학자, 기술자에 의해 오래가는 필라멘트를 개발하는 연구가 화두가 되었다. 백열현상을 위해서는 필라멘트는 얇으면 얇을수록 저항이 높아져 열이 잘 발생하고 또 빛도 잘 발생시키므로 좋은데, 필라멘트가 얇으면 약간의 물리적 충격만 가해져도 그만 끊어져 버린다. 초기의 백열전구에는 이와 같은 모순이 존재했다.

- 모순 상태 0 : 만약 (A)필라멘트가 얇으면,
(B)열과 빛이 잘 발생하여 바람직하나
(C)물리적 충격에 취약하여 바람직하지 않다.
- 모순 상태 1 : 만약 (-A)필라멘트가 두꺼우면
(C)물리적 충격에는 강하여 바람직하나
(B)열과 빛이 잘 발생하지 않아 바람직하지 않다.

즉, 얇으면서도 얇지 않은 필라멘트가 필요했던 것이다. 고전 트리즈에서는 이런 상황, 필라멘트는 얇아야 함과 동시에 두꺼워야 한다는 상황을 '물리적 모순'이라는 용어로 표현한다. 어떻게 이런 필라멘트를 만들 수 있었을까?

1880년 최초로 백열전구를 상용화한 에디슨과 그의 회사는, 그 이후 얇은 필라멘트를 나선형 코일로 만들어서 이러한 물리적 모순을 해결했다(곡선화의 원리를 기억해 보라. 필라멘트를 곡면으로 만든 것이다). 코일 구조를 이루어 열과 빛을 잘 발생시키면서도 물리적 충격에는 강한 필라멘트를 만들어 낸 것이다. 에디슨 이전에도 많은 전구 발명가가 있었지만 상용 가능한 필라멘트의 솔루션을 제시한 사람은 바로 에디슨이었다.

에디슨의 남달랐던 점은 백열등이 상업화되기 위해 필요 불가결했던 인프라인 전기 공급 시스템을 미국 전역에 걸쳐서 까는 것에 역점을 두었다는 것이다. 다른 발명자, 학자, 기술자들은 백열등에 집중했을 뿐 에디슨처럼 필수 불가결한 요소인 전기를 만들고 공급하는 방식에 힘을 쏟지는 않았기에 오늘을 사는 우리는 에디슨을 전구의 발명자로 기억하는 것이다.

전구의 성능을 개선하는 연구는 지속되었는데, 에디슨이 설립한 GE 연구소의 쿨리지(Coolidge)가 텅스텐 필라멘트를 개발하면서 진정한 상용 전구에 대한 에디슨의 꿈이 실현되었다. 이렇게 해서 완성된 백열전구도 좋은 점만 있던 것은 아니었다. 기술의 발전은 새로운 문제를 반드시 동반한다.

필라멘트의 구성원소인 텅스텐 원자가 증발하여 유리관 내벽에 부딪혀 붙어 버렸다. 이 현상은 전등의 내벽을 거무스름하게 만들어 전등을 어둡게 할 뿐 아니라 유리관의 투과를 감소시키고 필라멘트를 가늘어지게 해 종국에는 끊어지게 만들었다.

이 문제를 보완한 것이 바로 할로겐 가스를 유리구에 주입한 텅스텐 할로겐전구다. 할로겐전구는 유리구 내에 불활성가스 이외에 요오드, 브롬, 염소 등의 할로겐 화합물을 미량 봉입한 것이다. 할로겐은 낮은 온도에서는 텅스텐과 결합하고 높은 온도에서는 분해하는 성질이 있다. 이 성질에 의해 필라멘트에서 나온 텅스텐이 유리벽 가까이에 갔을 때는 결합하여 할로겐화 텅스텐이 되고, 결합된 할로겐화 텅스텐이 다시 필라멘트 쪽으로 가서는 분해되었다. 분해되어서 나온 텅스텐은 다시 필라멘트에 붙어 필라멘트가 가늘어지는 것을 막았다. 이 원리에 의해 필라멘트는 덜 가늘어져 수명이 길어졌

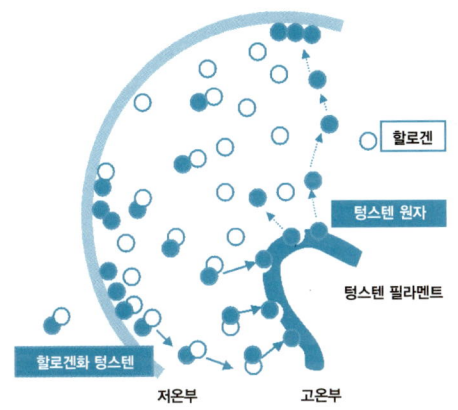

| 저온에서는 유리벽에 붙은 텅스텐이 할로겐과 화학반응하여 할로겐화 텅스텐이 되어 유리벽에서 떨어진다. | 전구가 동작되는 고온에서는 텅스텐 원자가 기체가 되어 날아간다. |

할로겐 전구는 도중회수의 원리를 활용, 필라멘트가 증발하는 것을 막는다.

고, 유리벽에 붙는 텅스텐을 억제함으로써 유리구가 검어지는 것을 막았다. 즉, 유리관 벽에 붙어 사라지는 텅스텐을 다시 회수해 필라멘트가 끊어지지 않도록 한 것이다.

　이처럼 이미 사용된 물질을 동작 중에 원래의 상태로 돌이키는 것이 모순문제 해결에 유효한 경우가 있다. 또한 상업적인 성공을 위해서 어떤 노력을 경주해야 하는지, 상업화를 위해 인프라 구축에 힘을 쏟았던 에디슨은 우리에게 하나의 시사점을 던져 준다.

〉〉 원리 길라잡이 34. [도중회수]

유익한 기능_____을 신규 도입/수행/유지/향상시키고,

유해한 영향_____을 제거하기 위해

관심 시스템/대상_____에 포함된

◆ 해당 요소/물질이 그 기능을 마쳤거나 쓸모없어지면 그 요소를 폐기한다면? (버리기, 녹이기, 증발시키기) 또는 동작 중간에 개조한다면?

◆ 해당 요소/물질 중에서 이미 사용된 부분을 작동 중에 원위치한다면?

◆ 해당 에너지/장이 그 기능을 마쳤거나 쓸모없어지면 해당 장을 폐기한다면?

◆ 해당 에너지/장을 작동 도중에 변경시킨다면?

◆ 해당 에너지/장의 조건을 원위치시킨다면?

새롭게 만들어진 나의 아이디어 :

원리 35. 특성 전환
나를 알고 변화를 알면 백전백승?

소크라테스는 말했다. '네 자신을 알라.'고.

이 말은 자신의 무지를 자각하라는 뜻으로 해석할 수도 있지만 자기 자신의 장·단점을 잘 파악해 좀 더 발전적이고 성숙한 인간이 되기 위해 변화하라는 의미로 이해할 수도 있다. 실제로 우리는 자신에 대해 정확히 알지 못해 어떻게 변해야 좀 더 완전한 사람이 되는지 모르는 경우가 많다.

이 문제는 삶의 단편적인 부분에서도 읽을 수 있다. 예를 들어 세계적인 명성을 얻고 있는 야구선수들은 자신에게 슬럼프가 왔을 때 타격 자세부터 시작해 평소 생활, 심지어는 심리까지 자신이 현재 어떤 상황인지 고민한다고 한다. 그다음 자신에게 득이 되는 것은 살리고 해가 되는 것은 긍정적으로 변화하려고 노력한다. 알기만 하는 것은 무용지물이다. 유명한 야구선수들이 슬럼프에서 벗어나 더욱 성숙한 모습을 보여 주는 것은 슬럼프에 대한 원인 분석만 하는 것이 아니라 어떻게 변해야 하는지 고민하고 그 해답을 찾아 실천하기 때문이다.

야구선수의 예와 같이 우리가 익숙하게 알고 있는 사물이나 시스템에서도 특성을 알고, 그 특성을 변경시켜 보는 것만으로 새로운 무언가가 나올 수 있다. 여기에 해당 사물이나 시스템의 특성을 여러 가지 열거해 보고 그것을 변경해 보라는 발상법인 '특성열거법'은 이를 도와준다.

고전 트리즈에서는 여러 가지 특성을 모두 나열해 보라는 지시 대신 보다 구체적인 물리적 상태나 농도, 밀도, 유연성, 온도, 부피 등을 열거하고 있다. 하지만 이것에 한정할 필요는 없다. 그것보다 여러 가지 특성을 가능한 한 많이 열거한 후 현재 상태를 파악하고, 그것을 크거나 작게 모두 변형시켜 보는 생각을 하는 것이 좋다.

예를 들어 교통 표지판을 살펴보자. 대한민국에서 현재 사용되고 있는 교통 표지판의 눈에 띄는 특성들을 모아 보고 다음과 같은 항목들을 정리해 보자.

표지판의 크기는? /색깔은? /글꼴은?

표지판 글꼴의 크기는? /표지판의 언어는? /표지판의 그림은?

개개의 표지판뿐만이 아니라 표지판들 간의 관계적인 특성도 함께 파악해서 능동적으로 변형시켜 보려는 노력을 하면 좋다. 예를 들어 '각 표지판 간의 거리는?', '표지판의 내용으로 나누자면 어떤 범주가 있는가?' 등등이 이에 해당된다.

나선형 계단의 비밀

등산할 때 사고는 산을 오를 때가 아니라 산을 내려갈 때 일어난다고 한다. 산을 오를 때 힘을 다 써서 전체적으로 힘이 없어서이기도 하지만, 보다 근본적으로는 산을 내려올 때 중력 가속도가 더해져 내려오는 속도가 생각보다 빨라지기 때문이다. 넘어질 때의 속도 역시 빨라져 큰 충격을 받는다.

산을 내려오는 것과 유사하게 계단도 내려올수록 가속도가 붙어 더 빨라진다. 속도 감소를 위한 특별한 장치가 없다면 갑자기 '우루루' 사람들이 내려올 때 일어날 인명사고는 상상도 하기 싫다. 중간중간 방향이 바뀌는 박스형 계단은 이런 사고를 방지하는 데 효과적인 장치 중 하나이다. 내려오는 속도가 어느 이상 빨라지기 전에 방향을 바꾸어서 평평한 면을 지나기 때문에 사고가 발생할 가능성을 줄여줄 수 있다.

박스형 계단 외에도 나선형으로 생긴 계단도 있는데, 이 계단의 경우 박스형 계단처럼 방향을 바꾸지 않고 계속 휘돌아 나가기 때문에 내려올수록 속도가 계속 빨라진다. 당연히 사고가 날 가능성도 높다.

그런데 나선형 계단이 길기로 유명한 바티칸 박물관에서는 그런 인명사고가 발생하지 않는다고 한다. 비결은 나선형 계단의 '높이'였다. 이 나선형 계단은 위쪽은 계단 높이가 좀 낮고, 아래로 내려올수록 계단 높이가 점점 높아진다고 한다. 계단 높이라는 특성이 대수냐고 생각할 수 있지만 높은 계단을 내려올 때는 사람의 보폭도 따라서 넓어지기 때문에 허벅지와 엉덩이 근육이 자연스럽게 브레이크 기능을 하게 된다고 한다.

그 옛날 박물관 건축가의 지혜를 엿볼 수 있는 설계이다. 고대의 설계자는 나선형 계단의 '높이'를 인간공학적으로 변경시킴으로써 나선형 계단에서 흔

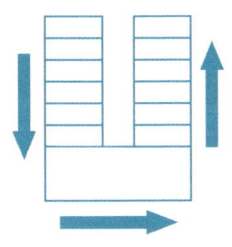

박스형 계단은 중간에 방향이 바뀌어서 내려 올 때 속도 증가를 막아준다

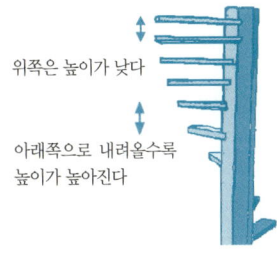

바티칸 박물관의 나선형 계단은 방향이라는 특성이 바뀌는 대신 계단의 높이를 변경하여 내려올 때의 속도 증가를 막아준다.

히 날 수 있는 안전사고를 미연에 방지한 것이다. 그의 설계는 그가 살아 있을 때에도 동작했겠지만, 그가 죽은 지 수백 년이 지난 지금에도 불특정 다수의 많은 사람의 생명을 구하고 있다.

약물 투여, 고통 없이 자연스럽게

당뇨병 환자들은 하루에 두 번씩 혈액을 채취해 혈당치를 체크한다. 하루 두 번, 피를 뽑을 때마다 괴로움을 견뎌야 한다. 여기에 인슐린 주사까지 맞으려면, 성인은 그렇다 치더라도 소아 당뇨 환자와 그 아이를 지켜보는 부모의 고통은 상당하다.

의료계에서는 이런 환자의 고통을 줄이기 위해 인슐린을 투여하는 제3의 방법을 활발히 연구하고 있다. 주사기로 피부를 뚫어서 약물을 전달하는 것이 아니라 코의 점막이나 구강 점막, 또는 피부를 통해 인슐린을 투여하는 것이다.

하지만 이 방식으로는 분자량이 높아 크기가 큰 인슐린을 투과시키기 어렵다. 이 문제를 해결하기 위해 U-Strip이라고 하는 인슐린 투여 시스템이 시험 중에 있다.

일반적인 방식으로는 피부를 통과하기 어려운 인슐린이 잘 통과하도록 피부에 초음파를 가함으로써 약물의 피부 투과도를 높였다. 이것은 초음파가 피부의 작은 기공의 크기를 넓혀 주기 때문이다.

이것은 약물이 전달되는 원리를 바꾸었다고 볼 수도 있지만 피부 투과도라는 특성을 변경시켰다고 보는 것이 기존의 약물주입방식의 차이를 가장 잘 설명할 수 있다.

구미 전문가들은 이 원리를 parameter change, 즉 특성 변경이라고 말한다. 대표적인 물리적 특성인 농도, 밀도, 유연성, 온도, 부피를 변화시켜 보라고 한다. 하지만 꼭 물리적 특성만을 변경시켜야 하는 것은 아니다. 화학적 특성도 전환해 볼 수 있다. 그것이 무엇이든 특성 변경의 범주로 생각해 볼 여지가 있다면 이 범주에 스크랩해 두고 자신만의 원리로 삼아 적용하면 되는 것이다.

  특성 변화의 원리를 적용하기 전에는 반드시 한 가지 보조적인 작업이 필요하다. 바로 기존에 알고 있고 활용하고 있는 특성들의 종류를 나열해 보는 것이다. 그 후, 그 외의 다른 각종 특성들을 나열해 보고, 아직까지 활용하지 않은 특성 변화 방법을 생각해 보는 사고가 필요하다. 특성 변경을 활용한 아이디어를 논하기 이전에 시스템과 요소의 특성부터 먼저 파악하자. 그 다음 기존의 특성 변경 방향을 참고하여 그러한 변경 방향과 차별화되는 방향, 대비되는 방향으로 변경시켜 보자.

〉〉 원리 길라잡이 35. [특성 전환]

유익한 기능_____을 신규 도입/수행/유지/향상시키고,

유해한 영향_____을 제거하기 위해

관심 시스템/대상_____의 전부/일부의

◆ 해당 요소/물질의 물리적 특성을 변화시킨다면?
◆ 농도나 밀도를 변화시킨다면?
◆ 유연성의 정도를 변화시킨다면?
◆ 온도나 부피를 변화시킨다면?
◆ 대상의 (   ) 속성을 변화시킨다면?
◆ 해당 에너지/장의 강도를 변화시킨다면?
◆ 해당 에너지/장의 동작 주기를 변화시킨다면?
◆ 해당 에너지/장의 방향을 전환한다면? (예 : 가열하다가 냉각)
◆ 장의 (   ) 속성을 변화시킨다면?
◆ 해당 절차의 진행주기를 변화시킨다면?
◆ 해당 절차의 (   ) 속성을 변화시킨다면?

새롭게 만들어진 나의 아이디어 :

〉〉 원리 활용 TIPS

특성을 조사해 보자.

- 현재 활용 중인 특성은?
  1. 요소/물질의 특성은?
  2. 에너지/장의 특성은?
  3. 절차의 특성은?
  4. 사용자의 특성은?
  5. 기타 특성은?

- 현재 활용하지 않으나 보유하고 있는 특성은?
  1. 요소/물질의 특성은?
  2. 에너지/장의 특성은?
  3. 절차의 특성은?
  4. 사용자의 특성은?
  5. 기타 특성은?

- 현재 활용하지 않으나 보유하고 있는 특성을 문제 해결에 활용한다면?

원리 36. 상전이
상변화의 힘을 이용하라

"이 녀석 금방 굳어버리는데?"

시린 손을 비비면서 종종걸음으로 집으로 돌아오던 십여 년 전 겨울, 한 아이 주변에 동네 아이들 몇 명이 둘러서 있었다. 필자는 한 아이가 친구들에게 따돌림당하는 것이 아닌가 해서 걱정스럽게 다가갔다. 만약 그런 일이 벌어지고 있다면 혼내줄 요량이었다. 그러나 나의 생각은 완전히 빗나갔다. 아이들은 어떤 물건을 보고 신기해하고 있었던 것이다.

액체로 된 손난로가 나왔을 때 동네 꼬마 아이들은 이렇게 모여 손난로를 어떻게 사용하는지 이리저리 살펴보았다. 그러다가 방법을 찾은 한 아이가 동전보다 작은 똑딱이를 누르면 가지고 있던 손난로는 "딸깍" 소리를 내며 액체로 된 내용물이 순식간에 굳기 시작했다.

"와~ 신기하다. 금방 뜨거워지고 있어."

아이들은 그때부터 액체 손난로라는 새로운 것을 만져보기 위해 난리법석이었다. 아이들은 액체에서 고체로의 변화, 즉 물질의 상이 변하는 것을 손난로를 통해 경험했다.

상(phase)은 물질의 물리적 상태를 일컫는 말로 고체, 액체, 기체, 초임계 상태의 네 가지로 나눌 수 있다. 고체, 액체, 기체라고 하면 쉬워 보이지만

'고체란 무엇인가, 액체란 무엇인가, 기체란 과연 무엇인가, 그것들 사이의 구별되는 특징은 무엇인가.'로 의문을 키워 나가다 보면 이러한 상의 구분이란 쉽지 않다는 것을 금방 깨닫게 된다.

상전이란 이러한 상을 변화시키는 것을 말한다. 상전이를 일으키는 조건은 여러 가지이다. 주로 열역학적인 조건인 온도와 압력의 변화가 상전이를 일으킨다고 알려져 있다. 그 외에도 전기장이나 자기장의 변화가 상전이를 일으킬 수 있다.

상전이라고 해서 고전적인 발상의 원리라고 치부할 것이 아니라 상전이라는 당연한 현상을 가장 효과적으로 교묘하게 활용할 수 있는지를 사례를 통해 짚어 보자.

이글루가 따뜻한 이유

우리는 종종 상식적으로 이해되지 않는 것들을 보게 된다. 북극권 이누이트 족의 상징인 이글루도 그중 하나일 것이다.

'안 그래도 추운데 얼음으로 집을 만들어 살다니……'

어쩌면 당신은 인류애를 느끼며 난로라도 하나 선물해야겠다고 마음먹을지도 모르겠다. 그 마음은 가상하지만 쓸데없는 걱정일 뿐이다. 그들은 스티로폼 같은 단열재를 쓰는 대신 얼음을 이용해 단열 효과를 내고 있는 것이니까.

얼음밖에 없는 곳에서 얼음으로 집을 짓는 것은 어떻게 보면 당연한 것일지도 모르겠다. 하여튼 눈 벽돌로 이글루를 만든 이누이트 족은 단열을 위해서 이글루 내부에 불을 피워 온도를 올린다. 온도가 올라가면 눈이 녹으면서 벽의 빈틈을 메워 준다. 어느 정도 눈이 녹으면 출입구를 연다. 외부의 차가운 기운의 영향으로, 녹은 눈으로 만들어진 물은 벽의 빈틈으로 흘러 들어가면서 다시 얼어 버린다. 시멘트를 사용하지 않아도 마감한 효과가 나는 것이다. 이 과정을 반복하면서 눈벽돌집이 얼음집으로 변하고, 그 과정에서 눈 사이에 갇힌 기포가 마치 스티로폼처럼 단열해 준다. 얼음이야말로 북극권에서는 이상적인 건축 재료인 것이다.

이글루 안의 온도는 바깥보다 20도 정도까지 높다고 한다. 이글루 안의 온도가 높은 대표적인 이유로 온실효과를 들 수 있다. 온실효과를 이루는, 열을 가진 장파장 빛이 빠져나가지 못하게 가두는 데 얼음이 탁월한 역할을 하기 때문이다.

그럼에도 불구하고 이글루 안이 좀 춥다면 이누이트 인들은 어떤 행동을 할까? 놀랍게도 그들은 이글루 바닥에 물을 뿌린다. 여름철, 마당에 물을 뿌리면 물이 증발하면서 열을 흡수하기 때문에 시원해진다. 반대로 이글루 바닥에 뿌린 물은 얼면서 열을 방출하기 때문에 실내 온도가 올라간다. 이렇게 물의 물리적 변화는 열의 흡수와 방출을 일으켜 이누이트 족의 생활에 필요한 열을 제공하는 것이다. 오랜 세월 경험을 통해 터득한 생활의 지혜가 아닐 수 없다.

사막을 가로지르는 아라비아 상인들의 물통에도 이런 지혜가 담겨 있다. 더운 사막에서 갈증을 해소하기 위해 시원한 물이 필요했던 아라비아 상인들은 동물의 가죽으로 물통을 만들었다. 가죽으로 만든 물통은 미세한 기공들이 수없이 뚫려 있는데 이 기공을 통해 수분이 증

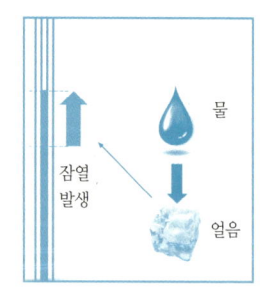

이글루 안이 추울 때 이누이트 인들은 놀랍게도 이글루 바닥에 물을 뿌려 실내 온도를 높인다.(이글루의 원리)

발하면서 열을 빼앗아 물통 속의 물 온도가 낮아진다. 아라비아 상인들도 물질의 상전이 시 방출, 흡수되는 열을 활용한 것이다.

상전이 시에는 큰 물리적 변화, 특히 열적 변화를 동반하는 경우가 많기 때문에 열을 가해 상전이를 일으키거나 혹은 거꾸로 상전이를 통해 열적인 변화를 유도하는 기법은 발명의 주요한 구성 원리로서 활용할 가치가 크다.

난적을 만난 보스턴의 지하도로 건설

두더지 공법으로 공사를 하던 보스턴의 지하도로 기술자들은 난관에 부딪쳤다. 지반이 약해 더 이상 공사를 진행할 수 없었던 것이다. 두더지 공법으로 계속 작업을 하다가는 지반이 약해 무너질 것이 뻔했고, 지반이 무너지는 것이 걱정되어 공사를 중단하기에는 이미 너무 멀리 와 버린 상황이었다. 지하도로를 건설할 곳의 땅을 다 판 후, 거기에 지하도로를 건설하고 다시 땅으로 덮는 공법을 사용하기엔 도심 교통난이 문제였다.

도심 교통난 해소를 위해 두더지 공법은 필수적이다. '지반이 단단하기만 하다면 문제가 없는데…….' 당신이 이 도로를 건설하는 책임자라면, 기술자라면 분명 했을 고민이다. 지반 자체를 바꿀 수는 없다. 지반 위에는 건물들과 기존에 지어진 도로들이 촘촘히 존재한다. 지반이 무너지면 그런 것들도 무너진다.

그렇다면 상상력을 조금 발휘해서 지반의 내구성을 변경시킬 수 있다고 생각해 보자. 좀 더 튼튼한 지반이 저절로 생겨날 수 있는 상황을 생각해 보자. 지반 자체가 단단해질 수는 없을까?

보스턴의 지하도로 기술자들은 지반 자체가 스스로 단단해지도록 지상에

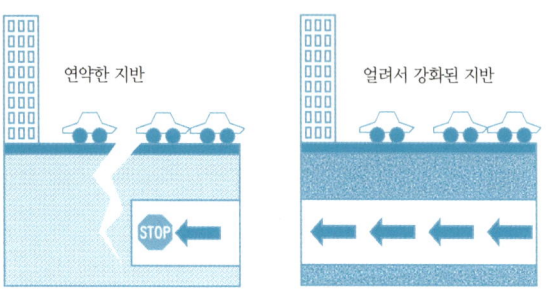

지반이 약해 공사를 진행하기 어려웠던 보스턴의 지하도로 기술자들은 냉매를 이용해 지반을 얼게 함으로써 지하도로를 완공했다.

지반을 얼릴 수 있는 관을 설치했다. 관을 통해 냉매를 순환시켜 지반을 얼리는 것이다. 자, 지반이 얼어붙어 단단해졌다. 이제 두더지처럼 횡으로 땅을 파내고 터널튜브를 밀어 넣기만 하면 된다. 보스턴의 지하도로는 냉매를 이용해 지반을 얼어붙게 함으로써 1995년 12월 15일 완공되었다.

사회문화적인 현상에도 상전이와 유사한 현상을 보이는 경우가 있다. 볼셰비키 혁명 등이 일어나는 조건이 그러하다. 이때에는 사회적으로 아주 작은 자극만 주어지더라도 시스템의 거시적인 행동이 종잡을 수 없을 정도로 변하게 된다. 사회적 집단 심리에서 상전이 지점을 잘 잡아낸다면 사회의 질서를 확보하거나 상품의 구매를 촉진하는 등의 효과를 기대할 수 있다.

상전이는 물질이나 사회적 현상을 알지 못하면 써먹을 수 없다. 아니 써먹을 수 있는 것인지 알지조차 못한다. 상전이를 문제 해결에 활용하려면 여러 가지 물질의 물성을 평소에 주의 깊게 공부해 두어야 한다. 공부한 내용을 적절한 형태로 스크랩하는 습관도 길러 두자.

›› 원리 길라잡이 36. [상전이]

유익한 기능_____을 신규 도입/수행/유지/향상시키고,

유해한 영향_____을 제거하기 위해

관심 시스템/대상_____에 포함된

◆ 해당 요소/물질의 상전이 시에 수반되는 물리적·화학적 성질 변화를 이용한다면 어떨까?
  - 부피의 변화, 길이의 변화
  - 유연성의 변화
  - 열의 발산/흡수
  - 전기적 성질(저항 등)
  - 광학적 특성(투명도, 반사도, 편광 분리도)
  - 자기적 성질(스핀 방향)
  - 기타 성질 :
◆ 해당 요소/물질의 상태를 상전이 조건 근처로 만들어서 아주 작은 자극만으로 시스템에 큰 변화를 도입한다면 어떨까?

새롭게 만들어진 나의 아이디어 :

원리 37. 연쇄변화
원하는 작용을 다른 것이 연쇄적으로 일으킨다면?

'쉽게 껍데기를 깔 수 있다고 들었는데 뭐였더라.'

아이들에게 여름철 별미인 냉면을 만들어주려고 삶은 달걀의 껍데기를 까고 있던 주부 A씨는 달걀 껍데기를 쉽게 벗기는 법이 없을까를 생각하고 있는 중이다. 껍데기를 벗긴 삶은 달걀을 넣은 냉면을 아이들에게 주고 나서 주부 A씨는 컴퓨터에 앉았다. 끝내 떠오르지 않은 '달걀 껍데기 쉽게 까는 법'을 인터넷으로 검색하기 위해서였다.

방법과 이유가 상세하게 설명되어 있는 블로그를 찾은 주부 A씨는 글을 읽어 내려가기 시작했다.

〈삶은 달걀 쉽게 벗기는 법〉
1. 숫자에 맞게 삶은 달걀을 담을 수 있는 그릇에 찬물을 담아 둔다.
2. 물에 15분여 동안 삶은 달걀을 국자 같은 도구로 깨지지 않게 꺼내 찬물에 담근다.
3. 찬물에 5분 정도 담가 둔 삶은 달걀을 꺼내 숟가락으로 "탁" 쳐서 기절시켜 깨뜨린 다음 숟가락을 깨진 달걀 사이로 집어넣어 한 바퀴 돌리듯 쭉 벗겨 낸다.
- 삶은 달걀을 냉수에 식히면 껍데기가 더 잘 벗겨지는 이유는?
  - 흰자위와 속 껍질막 사이에 생기는 수분 때문이다. 달걀 내부에 포함되어 있는 수분은 열을 받아 팽창하는데, 찬물에 급히 식으면서 팽창된 수분이 응결하게 된다. 이때

속 껍질막과 흰자위 사이에 수분이 맺히는 것이다. 그리고 찬물로 냉각시키면 껍질 강도가 서서히 식힐 때보다 떨어지기 때문에 껍데기가 잘 벗겨진다.

삶은 달걀을 깔 때 이용한 '열이라는 에너지에 의해 팽창과 수축이라는 변화가 일어난다.'는 효과가 바로 연쇄효과이다. 열뿐만 아니라 전기력, 화학반응과 같은 기능 수행이 가능한 에너지에 의해 얻어진 성질이 연쇄변화이다. 다시 말해, 열팽창 효과로 국한시키지 않고 좀 더 넓게 확장해 볼 필요가 있다는 것이다.

사람의 마음을 움직이는 힘, 예를 들어 현상금이나 복권이라는 것을 걸면 사람들이 저절로 몰리는 현상, 혹은 불쌍한 사람을 보면 도와주고 싶어 하는 착한 마음, 이런 것들까지 포괄해야 한다.

무엇으로 강의 말뚝을 뽑은 거지?

가을날, 강 한가운데 있는 말뚝을 뽑는다고 하자. 말뚝은 그리 급히 뽑을 필요도 없고 다음해 여름이 오기 전에 뽑으면 된다는 상황을 가정해 보자. 크레인이 달린 특수한 배를 부르면 경비가 너무 많이 든다. 당신이라면 어떻게 하겠는가?

다음에 나와 있는 그림은 이처럼 강 한가운데 있는 말뚝을 저렴하게 뽑으려면 어떻게 할까 하는 문제에 대한 재치 있는 해답이다. 그림을 보면 먼저 말뚝에 수면과 동일한 높이로 가로 방향으로 통나무를 매달아 둔다. 겨울이 오면 수면이 얼어붙는다. 물이 얼음으로 바뀔 때 얼음의 부피는 팽창하고, 통나무는 수면 위에 있으므로 얼음의 부피 팽창 때문에 통나무가 위로 당겨

물이 얼음이 될 때 부피가
팽창하고 이때 발생하는
힘을 활용하여 말뚝을
뽑는다.

얼음이 녹는 계절이
되면 말뚝은 얼음과
함께 이동한다.

강 가운데 있는 말뚝을 저렴하게 뽑는 방법

올라간다. 가로 방향의 통나무가 위로 올라가니 거기에 묶여 있던 말뚝은 함께 딸려 올라가고, 봄이 되어 얼음이 녹으면서 말뚝은 뽑혀 나간다.

좀 억지스러운 대답이기는 하지만 과학적 원리에 충실한 해결안이다. 이 해결안을 그대로 활용하려고 할 때 문제가 되는 것은 무엇일까? 그 조건을 찾아보는 것도 재미있는 두뇌 트레이닝이 될 것이다.

>> 원리 길라잡이 37. [연쇄변화]

유익한 기능_____을 신규 도입/수행/유지/향상시키고,

유해한 영향_____을 제거하기 위해

관심 시스템/대상_____에 포함된

◆ 어떤 장을 가하거나 제거할 때 물질의 팽창 및 수축을 이용해 본다면?
 – 가열할 때 물질의 팽창 및 수축을 이용해 본다면? (고전 트리즈의 원리)
 – 냉각할 때의 물질의 팽창 및 수축을 이용해 본다면? (고전 트리즈의 원리)
◆ 어떤 장에 대한 팽창/수축의 민감도가 다른 여러 가지 재료를 이용한다면?
 – 열팽창 계수가 다른 여러 가지 재료를 이용한다면? (고전 트리즈의 원리)
◆ 어떤 장을 가하거나 제거할 때의 물질의 물성변화를 이용한다면?
◆ 어떤 장을 가하거나 제거할 때 특성 변화율(예: 열팽창 계수)이 다른 여러 가지 물질을 이용한다면?
◆ 해당 장에 의해 다른 장이나 물질이 변화될 때의 성질을 활용한다면?
◆ 해당 절차에 의해 변화되는 장이나 물질의 성질을 활용한다면?

새롭게 만들어진 나의 아이디어 :

원리 38. 강력 활성제
양식장에 메기를 푼다면?

"불난 집에 부채질하냐?"

민수는 본의 아니게 회사 상사인 성 대리의 화를 돋우어 싫은 소리를 듣는다. 조금 우스꽝스러운 상황이지만 이 속담에서 부채질하는 것이 강력 활성제의 예가 될 수 있다. 불이 난 집에 부채질을 하거나 기름을 부으면 불이 더 커지듯 기존의 기능을 더욱 강력하게 만드는 것이다.

사실 산화제, 강력 활성제는 독이다. 우리 몸은 산성 물질이 닿으면 녹아 내리고 오존이 한계 농도 이상이면 노화가 빨라진다. 유리 산소, 산소 라디칼이 존재하면 암까지 유발할 수 있다. 그러나 현명하게만 활용한다면 약이 될 수 있다. 부정적인 영향을 끼치는 것이 아닌 긍정적인 효과를 일으키는 강력 활성제의 사례를 살펴보자.

유리창 닦는 데 두 달? 나는 자동으로 닦는다

생명이 움트는 봄. 고층 건물도 봄맞이에 들어간 듯 여기저기 높은 곳에 사람들이 줄에 매달려 유리창을 닦고 있다. 겨우내 쌓인 먼지를 제거하는 풍경에는 청소 인원 37명과 곤돌라 55대가 동원된다. 이 많은 인력과 장비로도 유리창 청소의 끝은 보이지 않는다.

3만 9,000여 장의 유리, 유리창 면적만 약 3만 평인 인천공항 여객터미널의 유리창 청소는 하루 8시간씩 작업해 두 달이 걸린다. 유리창 청소에 들어가는 비용만 연간 4억 5,000만 원 가량이다.

'이런 비용과 인력을 줄일 수 있는, 아니 아예 없앨 수 있는 유리가 있다면 엄청난 돈을 벌 수 있을 텐데······.'라고 생각해 본 적이 있다면 다른 방법을 찾아보기 바란다. 2004년 햇빛과 수분만 있으면 표면의 먼지가 저절로 제거되는 특수 유리를 일본판유리(Nippon glass sheet Co.)에서 개발했으니까.

일본판유리와 마쓰시타전기가 표면에 광(光)촉매막을 발라 만든 이 유리는 광촉매에 자외선이 닿으면 공기 중에 존재하는 수분을 산화력이 있는 과산화라디칼(radical)로 변환시킨다. 이 과산화라디칼이 유리 표면의 유기물을 물과 이산화탄소로 분해한다. 이런 기능은 20년 정도 유지된다고 한다. 이 유리판의 자정 능력은 유리에 끼는 먼지를 제거하는 것 외에도 공기 중에 존재하는 부유 세균, 더 나아가 공기 중에 존재하는 유해 화합물들을 제거하는 데에도 효과가 있을 것이다.

이러한 유리를 자동차용 전면 유리로 활용하는 방안도 제시되었다. 유리 바깥쪽은 자외선에 활성을 가지는 광촉매로 코팅하고, 유리 안쪽에는 자외선이 거의 닿지 않기 때문에 가시광선에 활성을 가지는 광촉매를 코팅하는 식으로 만들어 스스로 깨끗해지는 자동차 유리가 되었다. 이런 유리창을 자동

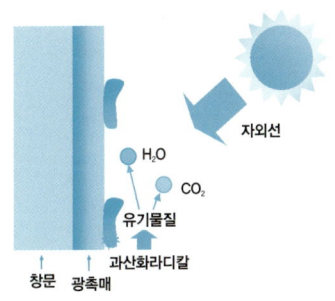

햇빛과 수분만 있으면 표면의 먼지가 저절로 제거되는 특수 유리

차에 활용하면 긴 파장의 가시광선은 자동차 내부로 들어오지만 짧은 파장의 빛은 유리창을 깨끗하게 만드는 기능을 하게 된다. 이로써 자동차 유리창을 청소해야 하는 번거로움에서도 좀 더 자유로워질 수 있다.

이제 자동으로 닦는 유리창에 대한 아이디어를 버리겠는가? 아직 낙심하기엔 이르다. 활성화의 원리를 통해 새롭게 만들어야 할 우리 생활 속의 불편은 어딘가에서 당신의 아이디어를 기다리고 있을 테니까. 창의적인 아이디어를 내고 싶다면 지금부터 이야기할 메기 같은 인물이 되어 보자.

횟감 물고기들을 양식장에서 도시까지 운반할 때 물과 산소를 공급하는 것만으로는 물고기들의 활력을 유지할 수 없다. 하지만 메기 한 마리를 물고기가 들어 있는 곳에 넣어 두면, 물고기들은 메기에 잡혀 먹히지 않기 위해 이리 헤엄치고 저리 헤엄치면서 활력을 유지한다. 물고기들의 활동성을 강화시키는 똑똑한 활성제가 메기 한 마리인 것이다.

혹시 조직에 활력이 떨어졌다 싶은가? 사람들이 오래된 횟감 물고기처럼 살아 있는 것도 아니고 죽어 있는 것도 아닌 것 같은가? 그렇다면 메기 같은 인물이 되어 보자. 참신한 아이디어로 조직의 구성원들을 바짝 긴장시켜 보지. 그러면 조식의 모습이 몰라보게 달라질 것이다. 이 방법은 혁신 전문가들이 실제로 활용하는 조직 활력 향상법 중의 하나이다.

⟩⟩ 원리 길라잡이 38. [강력 활성제]

유익한 기능_____을 신규 도입/수행/유지/향상시키고,

유해한 영향_____을 제거하기 위해

관심 시스템/대상_____에 포함된

◆ 일반 공기를 산소가 더 풍부한 공기로 대치한다면?
◆ 산소가 풍부한 공기를 순수한 산소로 대치한다면?
◆ 이온화된 산소나 오존을 순수한 산소로 활용한다면?
◆ 이온화된 산소나 오존보다 더 활성이 강한 유리 산소를 활용한다면?
◆ 보다 활성이 강한 물질로 대치한다면?
◆ 보다 강한 활성을 유도할 수 있는 장을 가한다면?
◆ 절차에 보다 강한 활성을 가진 물질이나 장을 도입한다면?

새롭게 만들어진 나의 아이디어 :

원리 39. 비활성 환경
환경을 안정하게 한다면?

'언제 이렇게 곰팡이가 피어올랐지?'

장마가 끝나갈 무렵, 민정이는 집 청소를 하다가 구석구석 피어오른 곰팡이들을 발견했다. 민정은 회사 일이 바빠 집에 신경을 못 써서 생긴 일이라고 생각했다. 그리고 마트에 가서 제습 제품을 사서 집안 곳곳에 놓아둔 후 에어컨을 틀었다.

민정은 곰팡이가 싫어하는 환경을 만들어 불청객인 곰팡이를 제거하고 있었다. 곰팡이가 생긴 곳에 직접 약을 뿌리거나 수세미로 벽을 문지른 것이 아니라 곰팡이가 살아가기 힘든 '환경'을 만든 것이다.

그 결과 왕성했던 곰팡이의 번식력이 둔화되어 민정의 집엔 다시 곰팡이가 사라졌다.

마찬가지로 기술 시스템에서 유해 작용을 감소시키거나 제거할 때 시스템을 변경하는 것만을 생각하지 않고 환경으로 눈을 돌려 해결하면 좋은 결과를 얻을 수 있다.

무의식적으로 우리는 대상을 개선하거나 변경하려고 애쓴다. 그러나 눈을 잠깐 돌려서 주변을 보자. 오히려 환경을 변화시키면 좀 더 바람직한 해결안이 되지 않을까?

지구상의 시스템에서 발생하는 많은 문제들은 환경의 영향에 기인한 것이 많다.

당신이 스파이 영화 작가라면?

어느 영화에 보면 주인공이 거미줄처럼 얽혀 있는 적외선 센서를 피해 요가를 하듯 금고를 향해 다가간다. 한 치의 오차나 실수도 용납되지 않는 순간이다. 마치 내가 들킬 것처럼 손에 땀을 쥐게 하는 장면이다. '영화가 아닌 실제라면 과연 가능한 일일까?'라는 생각이 들 정도로.

실제 상황이라면 영화와 달리 쉽게 목표물에 접근할 수 있는 방법을 찾을 것이다. 실제로 금고에 다가갈 때 영화처럼 위험한 방법이 아닌 안전하면서 쉬운 방법은 없을까?

환경의 비활성화가 그 답을 제시한다. 건물의 공조기를 조작해 해당 구역의 온도를 체온과 유사한 영역인 36도 근처로 맞춘다. 사람의 체온을 통해 침입자를 감지하는 적외선 센서를 역이용하는 것이다. 적외선 센서를 조작해 해제하는 것이 아니라 센서가 작동하고 있는 곳의 환경을 적외선 센서의 기능이 발휘되지 않게 비활성화하는 것이다.

체온을 감지하여 사람의 침입을 파악하는 보안 시스템

체온과 유사한 온도로 주변 온도를 조작 시 사람을 구분하기 어렵다.

거미줄처럼 얽혀 있는 적외선 센서를 피해 가는 방법

밥이 노래지지 않는 밥솥

전기밥솥으로 밥을 하면 보온까지 한 번에 할 수 있어서 매우 편리하다. 그러나 오랜 시간 보온 모드로 밥을 보관하면 밥 색깔이 변하고 딱딱해져 맛이 변한다. 집에서 밥을 많이 먹지 않는 자취생이나 혼자 사는 회사원들에게 변한 밥은 골칫거리가 아닐 수 없다.

밥이 보온 모드에서 색이 변하고 딱딱해지는 것은 보온 과정에서 밥과 공기가 접촉하여 밥이 산화되기 때문이다. 이런 악영향을 제거하는 방법은 무엇일까?

이에 대한 해결안으로 전기압력밥솥에 진공 수단을 구비한 특허가 출원되었다. 보온 모드에서 밥솥 내부의 공기를 외부로 제거하여 진공으로 유지하도록 만들어 특허를 받은 것이다.

압력밥솥의 뚜껑 부분에 밸브와 펌프를 장치하고, 보온 온도가 되면 펌프가 작동해서 밥솥 내부의 공기를 배출한다. 여기에 덧붙여 배출되는 밥솥 내부에 포함된 공기에서 습기를 제거하는 제습 수단을 포함한다. 이 사례는 관심 대상의 주위를 진공이라는 비활성 환경으로 변환시켜서 관심 대상에서 발생했던 악영향을 방지하는 원리를 잘 보여 준다.

환경을 비활성화한다는 원리는 제작이나 제조 공정 시의 불량 감소, 공정의 효율 향상, 공정의 한계점 돌파 등과 같이 주로 제작 공정에서 유용하게 사용할 수 있다. 단, 이 방향은 기존의 제작 공정에 대대적인 변화를 가해야 하는 경우가 많으므로 비용 대비 효과를 엄격히 따져볼 필요가 있다.

환경을 비활성화한다는 원리는 제조 공정뿐 아니라 측정 시에도 매우 유용한데, 측정하려는 시료를 변화시키는 것이 아니라 주변의 환경을 비활성화함으로써 시료에서 방출되는 신호를 좀 더 민감하게 관찰할 수 있는 경우가 많다.

아이디어를 만들 때, 너무 대상에만 집착하고 있는 것은 아닌지 돌아보고, 대상 대신 반대로('원리 39'를 다 읽었다면 당신은 이제 역발상을 자동적으로 적용할 수 있다) 환경을 변화시킬 수 있을지 고민해 보기를 추천한다. 환경 변화의 방향도 비활성화만 있는 것은 아니며, 활성화('원리 38'이 이에 해당한다) 역시 검토해 보기를 바란다.

〉〉 원리 길라잡이 39. [비활성 환경]

유익한 기능_____을 신규 도입/수행/유지/향상시키고,

유해한 영향_____을 제거하기 위해

관심 시스템/대상_____와 관련된

◆ 일반적인 환경을 비활성 환경으로 대체한다면?
◆ 해당 요소/물질에 중성 물질이나 중성의 첨가제를 도입한다면?
◆ 완충역할을 하는 요소/물질/절차/에너지/장을 도입한다면?
◆ 해당 에너지나 장을 진공이나 비활성 분위기에서 가한다면?
◆ 해당 절차나 작업을 진공이나 비활성 분위기에서 진행한다면?

새롭게 만들어진 나의 아이디어 :

원리 40. 복합물
단조로움에서 벗어나라

"이번에 회사에서 추진 중인 프로젝트 다 알지? 우리 부서에서도 한 명 뽑였어. 김 대리! 1년 정도 프로젝트 끝날 때까지 수고 좀 해야 할 것 같네."

황 부장의 추천으로 김 대리는 TF(Tasks Force)팀에 들어가게 되었다. 그곳에는 회사의 각 부서에서 프로젝트를 위해 뽑힌 다양한 능력을 가진 사람들이 모였다.

특정 임무를 달성하기 위해 형성된 TF팀은 거대한 관료제 조직에 비해 환경 변화나 업무에 따라 융통성 있게 변화할 수 있다는 장점이 있다. 그리고 다양한 경험과 배경을 가진 직원들이 복합적으로 모이기 때문에 효율적으로 업무를 수행한다.

이 원리를 약간 좁은 의미로 접근하면 "내가 새롭게 만들고자 하는 것에 복합물을 활용하면 어떨까?"라는 질문을 도출할 수 있다. 다양한 재료를 섞어 숙성시킨 김치도 복합재의 원리를 이용한 것이다. 김치는 오랜 세월 독특한 한국인의 입맛을 사로잡았을 뿐만 아니라 건강에도 좋은 음식이다.

좀 더 개념을 확장해서 복합화, 다중화, 다면화로까지 생각해 보자. 발상을 이끌어내는 데 도움이 될 것이다. 동질적인 재료를 복합물로 바꾸어 본다든가, 단일한 시스템을 그 내부에 다른 구조를 가진 복합적인 서비스나 시스템, 절차 등으로 바꾸어 보는 것 등이 이에 해당된다.

전차의 장갑을 강화시키는 폭약

'죽느냐 사느냐.'

전쟁에서 생사를 결정짓는 요소는 군의 사기, 전략 등 많은 것이 있다. 그 중에서 기본적으로 갖추어야 할 요소가 바로 무기이다.

무기는 모순을 극복해 가는 과정 중에 발전한다. 무기를 개발하는 이는 어떤 방어 체계도 무력화시킬 수 있는 무기를 개발하고, 방어 체계를 개발하는 이는 어떤 무기도 무력화시킬 수 있는 방어 체계를 개발하는 공격과 방어 체계 간의 치열한 경쟁 때문이다. 서로 모순되는 것들을 개발하는 과정들로 인해 인간의 기술은 점점 정교하게 발전한다.

기술의 발전, 확산의 역사를 살펴보더라도 이렇게 천문학적인 예산으로 개발한 군사 기술, 우주 기술들이 민수용으로 전환되어 상업적으로 성공한 사례가 많다. 화성 탐사선의 기술을 응용하여 제작한 로봇 청소기가 공전의 히트 상품인 것을 떠올려 보면 될 것이다.

현대의 무기 중 탱크의 장갑은 대전차용 화기에 대응하여 늘 진화하는 분야이다. 대전차 화기에 대한 방어 능력을 향상시키려면 장갑이 두꺼워야 한다. 그래야 강력한 폭발력을 견디고 내부의 병사들을 살릴 수 있기 때문이다.

그런데 장갑이 두꺼우면 전차의 무게가 무거워져 행동이 굼떠진다. 이는 새로 개발되는 대전차 화기가 공격해 올 때 피하기가 점점 힘들어진다는 것을 의미한다. 전형적인 모순 관계가 관찰되는 순간이다.

- 모순 상태 0 : 만약 (A)장갑의 두께가 두껍다면,
(B)대전차 화기에 대한 방어 성능은 높아져 바람직하지만,
(C)장갑차의 무게가 너무 무거워져서 기동성이 떨어져 바람직하지 않다.
- 모순 상태 1 : 만약 (−A)장갑의 두께가 얇다면,
(C)장갑차의 무게가 가벼워져 기동성이 향상되어 바람직하지만,
(B)대전차 화기에 대한 방어 능력이 낮아져 바람직하지 않다.

이 모순을 대전차 화기를 방어하는 이들은 어떻게 해결했을까? 1980년대 중동의 전쟁에서 그들은 대전차 화기에 방어하는 방법으로 폭약을 사용한 능동장갑(Explosive Reactive Armor)을 선보였다. 장갑의 외관을 화약이 포함된 복합물의 형상으로 만든 것이다. 이것은 대전차 화기의 폭발력을 분산시키는 새로운 능동형 장갑이었다.

폭약 장착형 능동형 장갑은 대전차 무기에 대해 매우 효과적인 방어 성능을 보여 준다. 대전차 화기의 충격을 받으면 내부의 화약이 소규모 폭발을 일으키고, 이 폭발력에 의해 화기의 충격이 전차의 장갑 전체로 분산되는 효과를 가져 충격을 받은 부분이 뚫리는 최악의 불상사만은 막을 수 있다. 이 장갑의 덕택으로 장갑차의 귀환율이 비약적으로 증가했다고 한다.

두꺼운 금속 장갑

포탄에 강하나 무거워서 기동성이 떨어진다.

이 장갑도 자동차 범퍼와 같이 한 번 대전차 화기에 충격을 받으면 장갑을 교체해야 하는 단점이 있다.

장갑은 복합 재료를 활용한 사례이기도 하지만 유해하다고 생각하는

잘 폭발하는 물질을 함유한 장갑

포탄의 충격을 받아 폭발물질이 작은 폭발을 일으켜 충격을 장갑차 전체로 분산시킨다. 이렇게 되면 무게가 가벼워 기동성이 우수해진다.

화약을 오히려 유익한 작용을 하는 방식으로 활용한 역발상의 사례이다.

실전에서 활약했던 좋은 아이디어들이 사실은 여러 가지 발명의 원리를 통해 이루어졌다. 따라서 단 한 번의 좋은 생각으로 무엇을 어떻게 해 보겠다는 마음보다는 최초의 아이디어 이후 지속적으로 아이디어를 개선하고자 하는 노력이 더욱 요구된다.

언제까지? 될 때까지······.

〉〉 원리 길라잡이 40. [복합물]

유익한 기능_____을 신규 도입/수행/유지/향상시키고,

유해한 영향_____을 제거하기 위해

관심 시스템/대상_____에 포함된

◈ 단조로운 재료를 복합물로 대체한다면?

◈ 단조로운 에너지/장을 복합적인 에너지/장으로 대체한다면?

새롭게 만들어진 나의 아이디어 :

원리 40 + 1. 용도 전환
새로운 용도로 전환한다면?

"꽃병으로 쓰는 게 어때?"

김치를 담아 두던 유리병을 버리기가 아까워 고민하던 주부 A씨에게 남편이 말한다. 크기도 적당하고 유리병 모양이 예뻐 남편의 말이 그럴싸하다. 주부 A씨는 다음 날 김치를 담아 두던 유리병을 예쁘게 꾸며 꽃병으로 바꿨다.

용도 변경은 이처럼 원래 생각한 용도 외의 전혀 다른 용도가 발견되어 새로이 발견된 현저하게 다른 용도로 사용하는 것을 말한다. 고전적인 트리즈 발명의 원리에는 속해 있지 않은 방법이지만 발상을 위해 매우 유용한 방향을 제시한다.

페인트의 희석제로 활용되던 용매에 살충 효과가 있다는 것이 확인되어 살충제(DDT)로 발명한 것도 용도 변경의 한 예이다. 이렇게 발견되는 용도는 통상적인 방식으로는 예상할 수 없는 우연한 상황에서 발견되는 경우가 많다. 화학 약품이나 생물학적 발명의 경우 이와 같이 한 용도가 아니라 전혀 다른 용도로 활용되는 경우가 많다. 현대에 와서는 하나의 약물을 개발하면 기본 용도 외에도 몇 가지 다른 용도를 위해 동시에 스크리닝 테스트를 진행하기도 한다.

용도의 전환, 변경은 물질이나 생물학 분야의 전매특허는 아니며, 전통 기술 시스템의 경우에도 고객이나 용도를 전환하여 새로운 시장을 창출한 예가 적지 않다. 깨는 발상을 할 때 반드시 검토해야 할 원리이다.

실패한 협심증 약물의 승천

'신이 내려준 20세기 마지막 선물'로까지 묘사된 '비아그라'의 탄생은 우연한 계기에서 비롯됐다. 영국에 위치한 화이자 연구소는 지난 1980년대 초반부터 협심증을 연구하기 시작했다. 이 연구에서 관심을 가졌던 약물이 실데나필인데, 반복되는 연구 결과 유감스럽게도 이 실데나필이 협심증에는 효과가 미미하다는 것을 인정할 수 밖에 없었다.

하지만 행운은 뜻밖의 장소에서 발견되었다. 1992년, 최대 용량을 투여하여 부작용 등 증상을 관찰하는 실험에서 8시간마다 50밀리그램을 10일간 복용한 사람의 성적인 활력이 증가한다는 보고가 들어왔다. 1994년 5월, 발기부전증 환자 12명을 대상으로 하루에 한 차례씩 실데나필을 투여하는 실험을 했다. 그 결과 12명 중 10명에게 효과가 나타났다. 이를 비뇨기과 학회에 보고하였고 비뇨기과 의사들은 큰 관심을 가졌다.

이후 회사는 실데나필을 원래의 협심증이 아닌 발기부전 약물로 전환하여 1999년 식품의약국의 허가를 받기에 이르렀다. 비아그라가 이 세상에 탄생한 순간이었다. 1999년에서 2001년까지 연간 매출이 10억 달러 이상을 기록하는 블록버스터 신약의 탄생은 이처럼 실패한 약의 용도를 변경한 것에 기인하여 탄생하였다. '꺼진 불도 다시보자!'라는 구호처럼 '부작용은 반드시 다시 보자!' 해야 할 것이다.

용도 전환이라는 원리는 지엽적인 문제 해결과는 거리가 있으며, 회사의 생존이나 혁신 제품의 도출을 위해서 생각해야 할 분야이다.

다른 용도를 찾는 작업은 한 조직 내부의 노력만으로는 어려운 경우가 많다. 많은 이에게 문호를 개방하여 가능한 한 많은 용도를 찾아내는 것이 중요하다. 개별적으로 모아진 용도를 그냥 제시하는 것만으로는 기술 경영이나 사업을 하기가 곤란하다. 일정 수준 이상 모아진 용도들을 그룹을 지어 보고 해당 그룹 전체의 시장성, 사업성, 기술성 평가를 통해 새로운 용도를 걸러내야 한다.

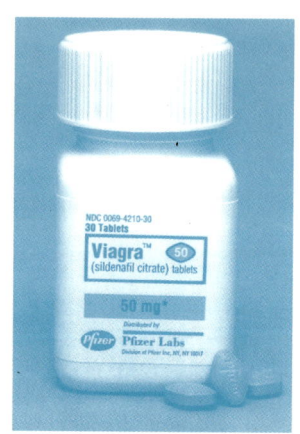

신이 내려준 20세기 마지막 선물이라고 일컬어지는 비아그라는 실패한 협심증 연구에서 비롯됐다. /연합뉴스

〉〉 원리 길라잡이 40+1. [용도 전환]

유익한 기능_____을 신규 도입/수행/유지/향상시키고,

유해한 영향_____을 제거하기 위해

관심 시스템/대상_____에 포함된

◈ 해당 요소/물질을 다른 용도로 사용할 수 있을까?
◈ 해당 에너지/장을 다른 용도로 사용할 수 있을까?
◈ 해당 절차를 다른 용도로 사용할 수 있을까?

새롭게 만들어진 나의 아이디어 :

원리 40 + 2. 타산지석
타인의 아이디어를 내 것으로 만든다면?

타산지석(他山之石). 이것은 다른 산에 있는 돌이란 뜻으로 비록 남의 것이라도 나의 품성을 닦는 데 도움이 된다는 말이다. 전문용어로는 유추(analogy)라고도 한다. 다른 분야의 흔한 지식이라도 나의 분야에서는 혁신이 될 수 있다는 트리즈의 기본 전제와 일맥상통하는 말이다. 실제로 학계와 기술계에서는 다른 분야의 상식적인 생각을 타산지석으로 삼아 유추한 생각이 혁신이 되는 경우가 많다.

다른 분야의 이야기가 나의 분야에 직접 연결된 예는 너무나 많아 일일이 열거할 수조차 없을 정도이다. 벤젠의 구조를 발견한 케쿨레가 꿈을 꿀 때 여섯 마리의 뱀늘이 꼬리를 물고 빙빙 돌고 있던 것을 보고 그때까지 미지의 영역으로 남아 있던 벤젠의 화학구조에 관한 영감을 받았다는 다소 의심스러운 이야기가 아니더라도, 백남준이나 앤디 워홀 같은 예술가들이 기술에 영감을 받아 예술 활동을 하는 등 타산지석은 인류의 창조적인 정신 활동의 가장 중추에 서 있다. 이처럼 유추는 기본적인 인간의 이성적 절차의 하나로 과학이나 문학, 예술, 교육, 정치 등 사용되지 않는 분야가 없다.

현대에 와서는 자연의 모습을 통해 유추하는 것이 흔히 활용되고 있다. 날고 싶다는 인류의 꿈을 실현시킬 수 있었던 것은 조류의 모양과 특성을 통한 유추의 힘이었다. 상어의 비늘 형태에서 힌트를 얻은 수영복도 타산지석을 통해 만들어진 상품이다.

신께서 사막의 딱정벌레에게 주신 선물

생명체가 살고 있지 않을 것 같은, 휑하게 불어오는 모래바람만이 정적을 깨고 있는 극한의 나미비아 사막에서 스테노카라 딱정벌레가 어딘가로 이동하는 중이다. 연평균 강수량이 100㎜도 안 되는 이곳에서 이 생명체는 물도 없이 어떻게 살아가는 것일까?

이러한 의문은 새로운 발견과 함께 새로운 발명을 불러온다. 오랫동안 스테노카라 딱정벌레가 생존할 수 있는 것에 의문을 가져온 파커 교수와 연구자들은 아침이면 안개 자욱한 대기에서 촉촉한 물방울을 만들어 시원한 물을 마시고 있는 이 생명체의 모습을 발견하고 놀라움을 감추지 못한다.

파커 교수가 2001년 11월《네이처》에 낸 논문에 따르면 등에 1㎜ 간격으로 촘촘히 돋아나 있는 지름 0.5㎜의 돌기와 돌기 이외의 부분에 묻어 있는 왁스와 비슷한 물질을 이용하는 것이 스테노카라 딱정벌레의 생존법이라고 한다. 이 두 가지 특징으로 스테노카라 딱정벌레는 안개 낀 아침에 돌기 끝으로 수분을 응축시킨 후 왁스와 비슷한 물질에 의해 미끄러워진 표면을 이용한다고 한다. 물구나무를 서서 물을 마시는 것이다.

신이 내린 선물이라고 부를 만한 스테노카라 딱정벌레의 원리를 타산지석으로 삼아 미국 매사추세츠공과대학(MIT)의 과학자들이 공기에서 물을 '수확'하는 재료를 개발했다. MIT의 마이클 루브너 박사 연구 팀은 최대한 스테노카라 딱정벌레의 등과 유사한 표면 구조를 만들 수 있는 물질을 찾고 그것을 구현하기 위해 딱정벌레의 등처럼 미세한 언덕과 골이 생기도록 고분자 필름을 구겨 유리기판에 붙였다. 그리고 물방울이 골 사이에 갇히지 않도록 물을 밀쳐내는 유리 나노 입자를 표면에 발랐다.

연구팀은 딱정벌레처럼 물방울을 흘리지 않고 바로 수집할 수 있도록 고분자 물질로 만든 돌기에 물을 빨아들이는 미세한 구멍을 냈다. 돌기에 생긴 물방울은 스펀지로 물이 스며들듯 미세구멍으로 흡입된다.

루브너 박사는 이 장치 개발로 대기 중에 있는 물을 회수하거나 공장 등에서 대기 중의 수분을 낮춰야 할 때 큰 에너지 손실 없이 원하는 목적을 달성할 수 있을 것이라고 말한다.

인류와는 관련이 없을 것 같던 나미비아 사막에 사는 딱정벌레의 모습을 지나치지 않고 과학자들은 끊임없는 질문으로 자연의 신비를 발견하고 그것을 모방했다. 그 결과 인류의 삶은 현재도 계속 진일보하고 있는 것이다.

〉〉 원리 길라잡이 40+2. [타산지석]

유익한 기능_____을 신규 도입/수행/유지/향상시키고,

유해한 영향_____을 제거하기 위해

관심 시스템/대상_____의 개선에

◆ 비슷한 기능을 가진 다른 기술 시스템에 존재하는 비슷한 문제의 해결안을 활용한다면?

◆ 반대되는 기능을 가진 다른 기술 시스템에 존재하는 비슷한 문제의 해결안을 활용한다면?

◆ 관련 있는 기능을 가진 다른 기술 시스템에 존재하는 비슷한 문제의 해결안을 활용한다면?

◆ 비슷한 기능을 가진 생물계에 존재하는 비슷한 문제의 해결안을 활용한다면?

◆ 반대되는 기능을 가진 생물계에 존재하는 비슷한 문제의 해결안을 활용한다면?

◆ 관련 있는 기능을 가진 생물계에 존재하는 비슷한 문제의 해결안을 활용한다면?

새롭게 만들어진 나의 아이디어 :

〉〉 에필로그

    새로운 발상에는 엄밀하고 논리적인 분석과 자유롭고 대담한 발상 그리고 생각의 재료가 되는 지식이나 힌트의 유기적인 결합이 필요한데, 그 모두를 구조화된 형태로 제공한다는 것이 다른 많은 발상법과 차별화되는 트리즈만이 가진 강점이다. 우리는 딱딱한 이론과 형식을 굳이 배우지 않은 보통 사람도 일정 수준의 트리즈를 이해하면 충분히 발상에 활용할 수 있다고 믿는다.
    다만 고전 트리즈의 원류인 러시아의 문화와 언어가 우리의 문화적 배경과 달라 우리나라에 전해진 트리즈는 지나치게 원전에 집착하거나 혹은 편협하게 해석한 사례가 많아 아쉽다.
    새로운 생각을 이끌어 내는 데 정말 도움이 되는 트리즈와 많은 사람이 친해지길 바랐고, 이것이 이 원고를 쓰게 된 가장 큰 동기였다. 2002년 트리즈와 처음 접한 이후 복잡한 이론 교육을 따로 받지 않더라도 자신의 문제를 해결할 때 트리즈의 본질을 어떻게 활용할 수 있을까를 깊이 고민해 왔고, 부족하나마 이 책이 그런 소임을 다한다면 필자로서는 더 바랄 나위가 없다.
    이 원고를 정리하는 데 직·간접적으로 도움을 주신 많은 분께 지면으로나마 감사를 표하고자 한다.
    먼저 이 원고를 출판해 준 연합뉴스 출판, 원고의 정리에 물심양면으로 수고해 준 문미화 대표, 트리즈뿐만 아니라 러시아의 다른 멋진 점도 알게 해 준 레니아신, 슈파코프스키, 코멘코, 안토노브, 키닌, 이코벤코, 트리즈를 알 수 있게 결정적 계기를 주고 지속적으로 격려해 준 전

삼성종합기술원장 손욱 현 농심 회장님과 류지선 부장을 비롯한 전 연구혁신팀의 모든 멤버, 각종 자료를 찾고 정리하는 데 지속적이고 결정적인 도움을 준 구글, 원고를 집필하는 데 엄마와 아빠와 함께 할 시간을 나누어 준 우리 아들 김다온 군과 가족에게 감사를 드린다.

〉〉 참고문헌

손욱, 『지식을 넘어 창조로 전진하라 : 창조적 혁신과 도전을 위한 손욱의 경영 에세이』, 리더스북, 2007

손욱, 『초일류 목표설정의 길』, 삼성경제연구소, 2001

랭돈 모리스, 손욱 역 , 『4세대 혁신, 윌리엄 밀러』, 모색, 2000

마이클 화이트, 이상원 역, 『에디슨은 전기를 훔쳤다』, ㈜사이언스북스, 2003

김영채, 『사고와 문제해결심리학』, 박영사, 2002

알란 로빈슨, 샘스턴, 장재윤 외 역, 『기업의 창의력』, 지식공작소, 2001

데이비드 맥컬레이 글·그림, 박영재 역, 『도구와 기계의 원리』, 진선출판사, 1993

김준기, 『회사에서 인정받는 창의성』, 중앙북스, 2008

존 에드워즈, 류동완 역, 『진화하는 전쟁(미래의 전쟁은 어떻게 바뀔 것인가)』, 플래닛미디어, 2007

G. Altshuller, 1999, THE INNOVATION ALGORITHM: TRIZ, systematic innovation, and technical creativity. Worchester,

Massachusetts: Technical Innovation Center.

《동아비즈니스리뷰(DBR)》, 2008년 12호(7월 1일자)

Simplified TRIZ, New Problem-Solving Applications for Engineers & Manufacturing Professionals (Hardcover), Kalevi Rantanen , Ellen Domb , Auerbach Publications, 2007.

G. Altshuller, 1984, CREATIVITY AS AN EXACT SCIENCE: The Theory of the Solution of Inventive Problems. Translated by Anthony Williams. Gordon and Breach Science Publishers.

Matrix 2003, Updating the TRIZ Contradiction Matrix, by Darrell Mann, Simon Dewulf, Boris Zlotin, and Alla Zusman, CREAX Press, Jul. 2003

G. Altshuller, 1997, 40 PRINCIPLES: TRIZ Keys to Technical Innovation. Translated by Lev Shulyak and Steven Rodman. Worchester, Massachusetts: Technical Innovation Center.

Y. Salamatov, 1999, TRIZ: THE RIGHT SOLUTION AT THE RIGHT TIME. Insytec B.V. 256 pages.

www.aitriz.org / www.triz-journal.com

www.aitriz.org / www.uspto.gov / www.google.com

회사를
살리는
아이디어
42
가지

초판 2쇄 발행 | 2010년 10월 20일

저　자 | 송미정, 김경철

발행인 | 박정찬
편집인 | 김창회
주　간 | 유병철
기　획 | 임창운

발행처 | 연합뉴스
주　소 | 110-140 서울시 종로구 수송동 85-1
　　　　www.yonhapnews.co.kr

인　쇄 | 삼화인쇄(주)
편집디자인 | (주)봄날의기록

구입문의 | (02) 398-3590~3

값 | 14,000원

ISBN 978-89-7433-087-3 13320